从零开始学围棋

入门常识 攻防技术 棋盘认知
布局技巧 基本定式 作战与绝杀

刘莉娟 编著

中国纺织出版社

图书在版编目（CIP）数据

从零开始学围棋 / 刘莉娟编著. -- 北京：中国纺织出版社，2018.7（2020.12重印）

ISBN 978-7-5180-4600-3

Ⅰ.①从… Ⅱ.①刘… Ⅲ.①围棋—基本知识 Ⅳ.①G891.3

中国版本图书馆CIP数据核字（2018）第014770号

责任编辑：姚　君　　　　　　　责任印制：储志伟

中国纺织出版社出版发行
地　　址：北京市朝阳区百子湾东里A407号楼　邮政编码：100124
销售电话：010—67004422　传真：010—87155801
http://www.c-textilep.com
E-mail: faxing@c-textilep.com
中国纺织出版社天猫旗舰店
官方微博 http://weibo.com/2119887751
三河市延风印装有限公司印刷　各地新华书店经销
2018年7月第1版　2020年12月第7次印刷
开　　本：880×1230　1/32　印张：8
字　　数：300千字　定价：39.80元

凡购本书，如有缺页、倒页、脱页，由本社图书营销中心调换

话说围棋

围棋变化知多少 用"变化无穷"来形容围棋的变化,真是一点都不过分。即使使用当今最先进的电脑(每秒计算上亿次),仍无法算得清围棋的全部变化。

围棋的棋盘由纵横各 19 路共 361 个交叉点组成。因此每个交叉点都有可能出现下黑子、下白子,或是空着不下子的三种情况。那么两个交叉点就有 3^2 种涵变化。以此类推,361 个交叉点的全部变化应为 3^{361} 种。用现代数学的写法约为 1.74×10^{172}。可以说,这是个大得惊人的天文数字。

现在让我们看看用每秒一亿次的计算机得花多少时间来算清围棋的变化。计算机一个月大约可计算 259.2 万亿次,一年大约可计算 3.1×10^{15} 次,一万年大约可计算 3.1×10^{19} 次,一亿年大约可计算 3×10^{23} 次。而要完成 1.74×10^{172},恐怕要比银河系存在的年份还长得多。

如果进一步探讨,围棋中还有打劫,还有在提子中再下子的情况。由此可见,围棋的变化当比 1.74×10^{172} 更大。难怪围棋如此精深博大呢。

下棋与养生 琴棋书画一直是人们陶冶情操,修身养性的养生之术。其中下棋者运筹帷幄,或守或攻,乐在其中;看棋者虽为局外,同喜同忧,同得其趣。弈棋时两人对面端坐形若静态,其实落子击枰意动手动。养心在静,养身在动兼而有之。弈棋时名曰"对阵",实为"手谈"。胜负原是

平常事,既不戚戚于失,也不汲汲于得。一局既毕,推枰而起,情欢意悦,超脱尘俗。

生物学有明证,人的器官"用则进,废则退"。经常运动的器官就发达健康,少用不用的就萎缩衰退。弈棋时权衡得失,思考再三,需要开动脑筋,可以促进血液循环,加速新陈代谢,增强大脑功能。终局时常有复盘的,前事不忘,锻炼了弈棋者的记忆力。所以年轻人爱下棋可使思维敏捷,戒除浮躁,精神焕发。老年人爱下棋既是娱乐,又可锻炼脑力,更可防止老年痴呆。

弈棋能健目。棋盘上直线横线交错纵横,无论是象棋走子的平、进、退,还是围棋的星、气、眼,每下一子都必须全神贯注,全局在胸。稍有小隙,模糊了一步、一格,一着之失全盘皆输。

弈棋能健指。落子击枰,每次的取子、摸子、触子、按子、压子,都需指节伸屈,活动了手腕,灵活了关节。下棋时的落子与提笔挥毫、拨弦弹琴有异曲同工之妙。

目 录

第一章 基础知识

一、围棋的由来 2
二、围棋的定义 2
三、围棋的组成 3
  1. 棋 盘 3
  2. 棋 子 4
四、对弈的基本规则 4
  1. 基本规则 4
  2. 对局者的风度 11
  3. 围棋的下法 11
  4. 棋谱的记录 14
五、胜负判定法 31
  1. 比目法 32
  2. 数子法 34

第二章 入门常识

一、地 38
二、围地的方 43
三、连接和分断 46
  1. 棋的连接 46
  2. 分 断 49
四、叫吃和提子 51
  1. 子的提取方法 55
  2. 提子与打吃技巧 56

五、不能下子的地方 65
六、眼和假眼 68
七、打 劫 71
　　打劫的运用 73

第三章　实战的攻防技术

一、死棋和活棋 76
　　1.真眼和假眼的辨识 76
　　2.胜棋走险着 83
二、点 眼 91
三、攻 杀 98
四、有眼杀无眼 103
五、双 活 106
六、实战中活棋的情形 114
七、围杀棋子的技巧 117
　　1.征 117
　　2.枷或封 122
　　3.接不归 126
　　4.倒 扑 128
八、紧气追杀的诀窍 131
九、棋子的效力 133
　　1.围地的效力 133
　　2.连接和切断 136
　　3.补断的各种方法 139
　　4.双 141
十、收 官 143

第四章　使用正式棋盘的基本知识

一、走向大海 148
二、授十三子的实战谱 152

第五章　布局知识与技巧

一、布局通则 164
　1.角上下子的位置 164
　2.棋子的配置 167
　3.建立根据地 169
　4.拆地与夹攻 169
　5.实地与外势 172
　6.定式的选用 174
　7.怎样布局利己 176
　8.三路好还是四路好 180
二、大场知识 182
　1.四边的中心点附近 183
　2.拆兼攻 183
　3.要　点 184
　4.大　棋 185
三、布局类型 185
　1.平行型布局 185
　2.对角型布局 191
　3.互挂型布局 194
　4.秀策流布局 194
　5."中国流"布局 197

第六章 基本定式

一、星 202
二、三 三 208
三、小 目 209
四、高 目 214
五、目 外 217

第七章 作战与绝杀

一、攻 击 222
    1. 怎样狠杀与不被杀 224
    2. 为什么要弃子,不弃会怎样 225
    3. 弃子既然作用大,为何总少弃 226
二、打 入 229
三、拆 边 230
四、腾 挪 232
五、浅 消 235
六、官 子 236
七、判定胜负 239

附 录 241

第一章

基础知识

学习围棋，我们首先要了解围棋的由来以及什么是围棋？它是由什么组成的？它的规则是怎样的？它又是如何计算输赢的？下面我们将分别予以解答。

一、围棋的由来

围棋相传是由上古时期的圣人所创造的。一般有两种说法：一是"尧造围棋，以教子丹朱"。意思是说：尧帝创造了围棋，然后传给他的儿子丹朱。二是"舜以子商均愚，故作围棋以教之"。意思是说：舜帝认为他的儿子太愚昧，就造了围棋来教导他。由此我们知道了围棋的诞生源远流长。围棋是一种开发智力的活动，也是集思想、品德、棋艺于一身的综合体。

从春秋时代(公元前770年)起，围棋活动就日益发展。

二、围棋的定义

所谓围棋，简而言之，就是一种由两个人进行对抗的竞技游戏，它是以哪一方在棋盘上占领的地多来区分胜负的。

如果把棋盘的整个盘面看作一块土地，双方各用自己的棋子去开拓这片土地。由于每一方都想在棋盘上多占一些领地，这就要首先去占领棋盘上的有利位置，并用棋子每隔一定的距离打下桩基，表示这是你的领地；然后再不断地经营和巩固这些领地。

但在实际的下棋过程中是绝不会这么顺利的，因为在你的对面坐着一位对手。当你的领地尚未巩固时，对方会侵入进来。对此，你该怎么办呢？

这时你就要设法包围它，使它失去生存力，进而歼灭它。这就产生了战斗，双方将围绕着生和死，进行一招一式的抗争，而谁在这场抗争中占取上风，将直接影响到整局棋的胜负。

双方的领地大致确定后，还必须把领地完整地围好，这是围棋的终盘阶段。

棋盘上的地域完全划分完毕后,棋局即终了。这时我们可以计算一下双方的地域,谁占的地多,谁就赢了。

围棋还含有艺术、哲学的成分,以及创造世界的哲理。通过学习围棋,你不仅能享受到其中的乐趣,还能开拓视界从而开创一个美好的明天。

三、围棋的组成

围棋是由棋子和棋盘组成的一种娱乐用品。

1.棋　盘

棋盘纵横各十九条线,棋子要下在线与线的交叉点上,方格中不能放入棋子。

交叉点的数目是 19×19=361 个。

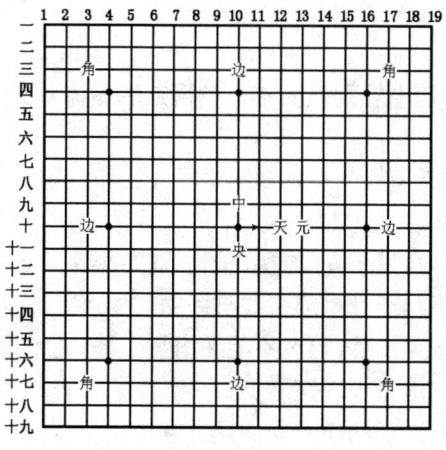

盘面各部位的名称

盘面上有九个黑点,称为"星"。中央的黑点又称为"天元",是全盘的中心。如果下棋时要让对方几子,则所让之子要放在星上。

棋盘各部大致分为角、边、中央。从哪儿到哪儿是中央,没有明确的界线。通常所说的中央都是三、四线以上的高位。

2.棋　子

棋子以黑和白区别各自的一方。

棋子的数量和棋盘的交点相同,黑 181 个,白 180 个,合计 361 个。不过一次对局不会全部用完,也就是说不需要这么多棋子就可以完成对局。

四、对弈的基本规则

1.基本规则

围棋的基本规则很简单,掌握这些基本规则是围棋入门的第一步。

以下就最简单的基本规则进行介绍和说明。

(1)对局者为两方。

(2)一方执黑子,一方执白子。双方每次只走一着,轮流进行。

(3)所下棋子都是放在线与线的交叉点上。

(4)棋子走出后,再也不能在棋盘上移动。

(5)以占地多少决定胜负。

(6)没有"气"的棋子要从盘上拿掉。

(7)没有"气"的交叉点不能放入棋子。

(8)关于"打劫"的特殊规定。

(9)关于让子棋的规定。

以上九条规则,(1)至(4)条仅以文字所示就很容易理解,(5)至(9)条尚须用图解才容易明白。

规则(5)说明:围棋的目的是围地,最后围地多者获胜。当双方的地最后确定,彼此均无法侵入时,而双方边界也最后确定,也就是占完单官,对局即告结束(见图1-1)。

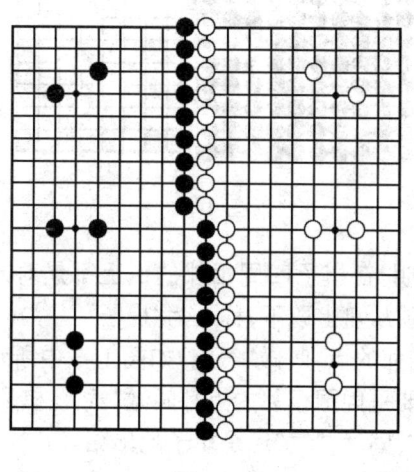

图1-1

如图1中的黑方占据了棋盘的左半部分地域,白方则占据了右半部分地域,至此,棋局即告终了。

棋局终了后如何计算胜负呢?(如图1-2所示),按以往计算胜负的方法是将任意一方所占据的所有地域填满棋子(黑白均可),然后数一下看看是否超过$180\frac{1}{2}$子,多出者即是胜数,不足者即是败数。如图1-2中黑地填满后,数出181个黑子,即是黑方胜半子。

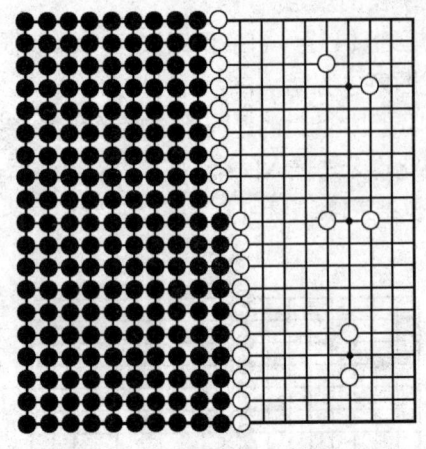

图 1-2

规则(6)说明：在棋子四周相邻的点上都是对方的棋时，被围之子即是死子，要从盘上取下，称之为"提子"。

棋子四周相邻的点，叫做"气"。如图 1-3 中所示，无论棋子的数量是多少，只要是周围相邻的点都叫做"气"。棋子在棋盘上生存的依据就是"气"，同时，"气"还是棋子的出路。

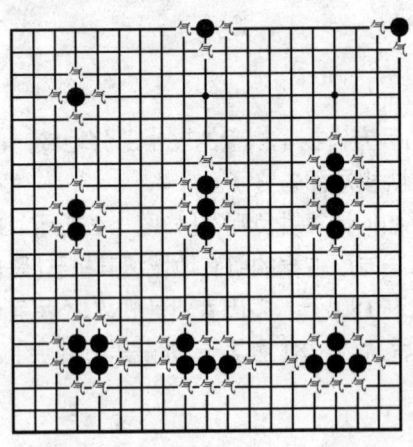

图 1-3

当棋子相邻的"气"全部被对方所占有时,棋子则要被对方取出棋盘,称之为"提子"。图 1-4 中的黑子由于周围没有了"气",故都应立即从盘上拿掉。邻近在边和角的地方,因其所具有的特殊性,亦被视为无"气",而被"提子"。

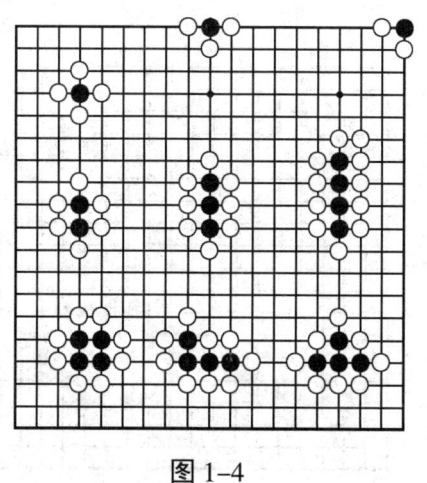

图 1-4

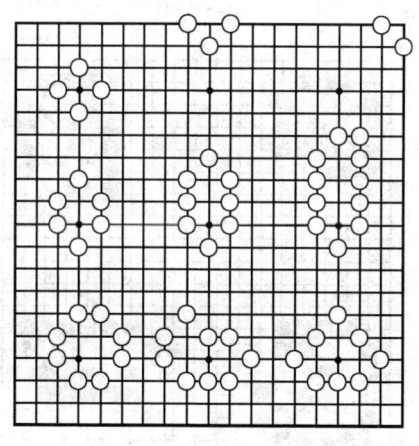

图 1-5

图 1-5 是图 1-4 中黑子被提掉后情形。

规则(7)说明:凡是在四周相邻没有"气"的地方,都不能下子。

但是,在下子的同时若能提取对方的棋子,则是可以的。也就是说,在四周相邻都没有"气"的地方,同时也是使对方棋子没有"气"的地方,不但可以下子,而且可以提掉对方的棋子。

在图 1-6 中的×位周围都是白子,对黑方来说都是没有"气"的地方,故均不能下子。

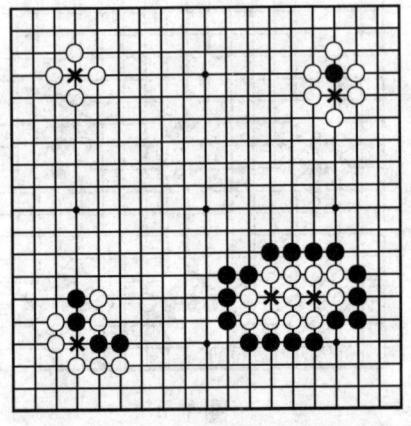

图 1-6

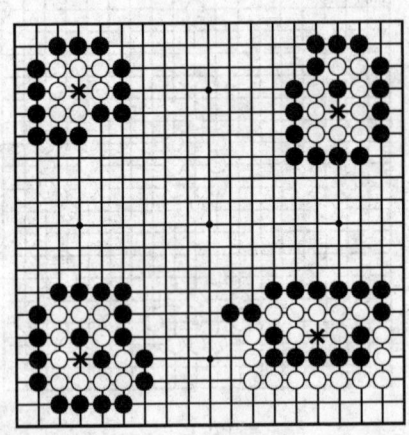

图 1-7

在图 1-7 中的×位周围,虽然旁边没有"气",由于它同时也使对方没有"气",不但可以下子,同时还可以提掉对方已没有"气"的子。

规则(8)说明:"劫"是围棋中的一种特殊形式。双方在同一地方互提一子,就会无休止地进行下去。根据这种情况,制定了围棋中的特殊规则——同形不能立即反复。

在图 1-8 中,黑 1 提掉白☆一子是因为白☆一子四周相邻的地方已经都没有了"气",是允许的。但是,下一手轮到白方走时,白走☆位,黑 1 一子亦处于四周相邻的地方都没有了"气"的状态。如此相互轮流继续下去,就会形成永无休止的状态,而永无终了,也永无胜负之分。

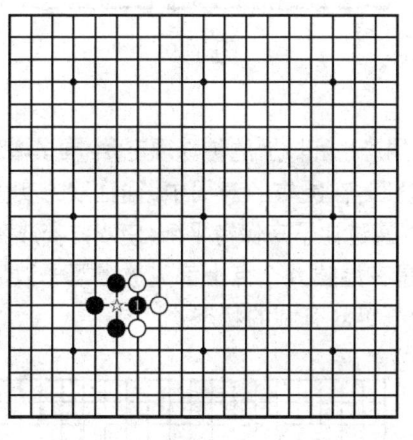

图 1-8

这种互提的状态是"劫"。为了避免这种永无休止地提来提去,因而作出特殊规定,在一方提子后,另一方不能立即回提,必须间隔一手以后,方能回提。

如图 1-9 中黑 1 提"劫"。白则不能马上☆位回提,必须先在棋盘上其他地方,如白 2 位,黑 3 位之后,方可☆位提"劫"。

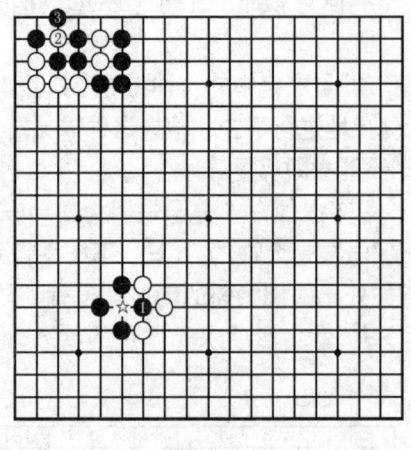

图 1-9

由于"劫"的产生和"劫"的特殊规定,给围棋增添了更大的乐趣。

规则(9)说明:在围棋的对局中,往往双方实力相差不等,在这种情况下,可以通过让子来保持平衡,使双方变成实力接近的局面。

图 1-10 是在星位九个点上都先放上黑子以后再进行对局,这时当然黑方处于绝对有利的状态。

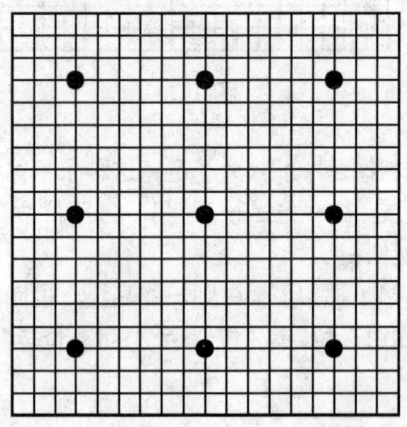

图 1-10

先在棋盘上放的子,叫做"让子"。

这种对局方式叫做"让子棋"。

让子棋与普通对局的不同点在于:对局时是白方先开始下。

让子棋不是以比赛为目的的,都是指导性的对局。

2.对局者的风度

对局者的风度与规则无关,但却是棋品的表现。为了能使棋局更精彩,便于提高棋艺水平,弈者风范也是很重要的。

(1)对局双方自始至终都应尊重对方;

(2)不做妨碍对方思考的举动;

(3)棋子放在棋盘上后,不能再挪动;

(4)旁观者不要支着;

(5)棋终之后,能心平气和地复盘。

3.围棋的下法

棋手的水平按段和级来划分,下棋时可视双方水平的情况,采用不同的下法。

分 先

指双方水平旗鼓相当,由双方轮流执黑先走。按规定,由于黑棋先走,有一定的先手优势,应由执黑的贴出 $3\frac{3}{4}$ 子。所以黑所占的地必须超过 $184\frac{1}{4}$ 子($180\frac{1}{2}+3\frac{3}{4}$)才能取胜。比如黑棋数出来有 185 个子,即黑胜 $\frac{3}{4}$ 子。而白方的地只要超过 $176\frac{3}{4}$ 子($180\frac{1}{2}-3\frac{3}{4}$)即可获胜。

让 先

指水平略低的一方执黑先走,终局计算时不贴子。如果让子,通常可视对方的水平差距情况让二子、三子、四子……九子。由水平低的一方执黑,先在"星位"放上数子,然后由白方开始下子。这

样让子后,棋力强者与弱者下棋就可对等了。终局计算时,按让子数由黑方贴还二分之一的子数。

如图 1-11 就是让九子的局面。终局后,黑方须贴还白方四子半。贴还后,仍以各占 $180\frac{1}{2}$ 子为和棋。

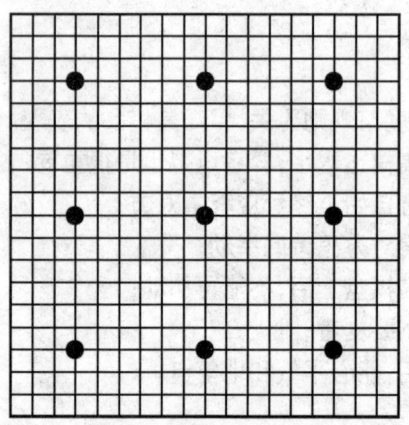

图 1-11

让五子时,终局后,黑方须贴还白方 $2\frac{1}{2}$ 子。

让二子时,黑方须贴还白方 1 个子。

交叉点很重要

围棋是将棋子走在交叉点上来进行竞赛的。刚开始学下围棋时这一点很容易出错,请特别注意。

如图 1-12 上面二子是下错的,而下面二子下在交叉点上是对的。

如图 1-13,棋盘端边上也可下棋,如☆和★等子是可以这样下的,一个下在角上,两个下在边上。

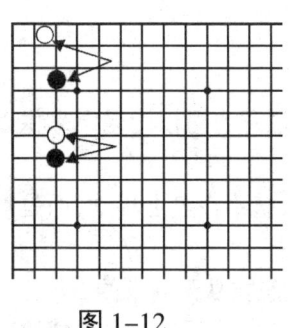

图 1-12

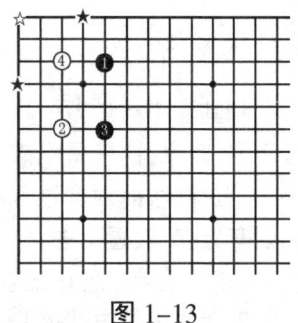

图 1-13

图 1-13 上的黑 1、白 2、黑 3、白 4 等表示第一手、第二手、第三手、第四手等顺序。

10 级对 20 级，初级对 10 级，9 路盘让三子，13 路盘让四子。至于贴目，如 9 路盘差 1 级时让先黑贴 3 目，黑如盘面上多 4 目则黑胜 1 目，盘面如多 2 目，则黑输 1 目（2 目等于 1 子）。

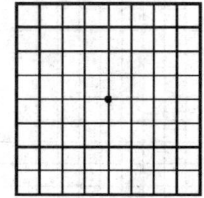

9 路盘

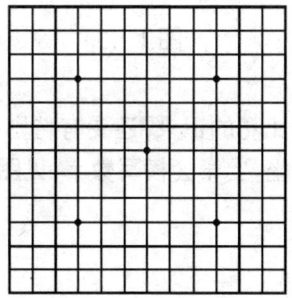

13 路盘

4.棋谱的记录

和其他棋类游戏一样,围棋的对弈过程也可以记录下来供以后研究、观摩,这就是棋谱。

不过围棋的对弈过程和象棋不一样,棋不在盘上移动,而是从无到有,逐一放置上去。

因此,记录也就是记录一个一个点是怎样从无到有的过程。

普通的记录方式是图形,谱纸如图1-13a所示。这种方式比较形象,记录起来方便,但是用来学习和欣赏的时候却不是最好的。因为,往往要找的那一手没有找到,却看了好几手别的棋。

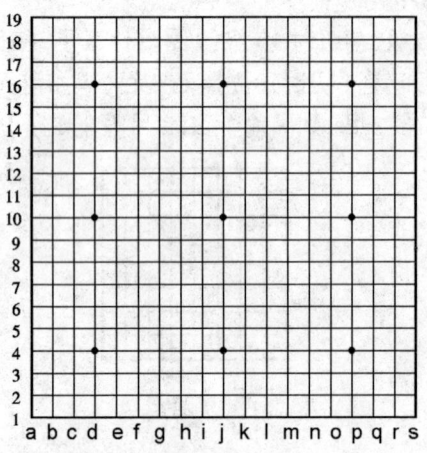

图1-13a

如果担任重要比赛的记录,还要有特别的记录位置,因为这时候你的位置是打横坐,要学会横写数字,见图1-13b。

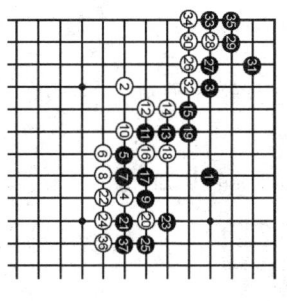

图 1-13b

气

气是指棋盘上与棋子直接通连的交叉点。

见图 1-14 中,箭头所指的位置就是棋子的气。中央一个子有 4 口气,边上一个子有 3 口气,角上一个子只有 2 口气。

棋子要至少有 1 口气才处于活的状态,否则,如果周围的气都被对方棋子占据,那么这个(或若干)棋子就被吃掉了,应从棋盘上拿掉。

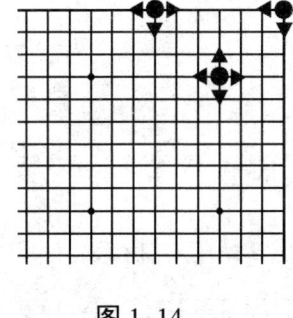

图 1-14

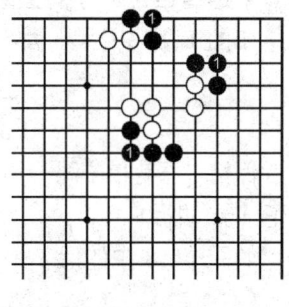

图 1-15

连

一方的两个子或两部分子通过一个子而连接起来,这种下法叫做"连",也叫"粘"。

如图 1-15 中,黑 1 都叫"连"。

断

一方的两个子或两部分子被另一方的一子隔开,这种下法就叫"断"。

如图 1-16 中,黑 1 都叫"断"。

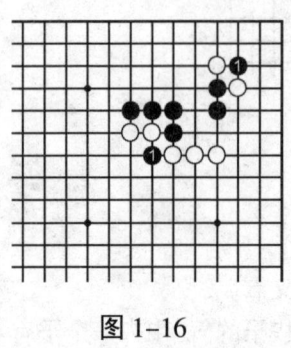

图 1-16

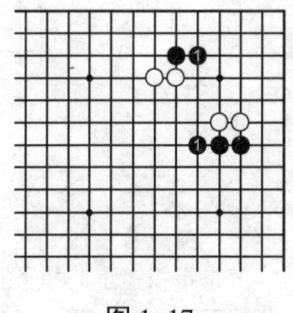

图 1-17

长

紧连着自己的子向上或向左右延长一子,就叫"长"。

如图 1-17 中,黑 1 都叫"长"。

拆

保持与原有棋子同一条直线,向左(右)间隔一路、两路以至 3 路、4 路下一子,叫拆。

如图 1-18 中的黑 1 是向左"拆一",黑 2 是向右"拆二"。

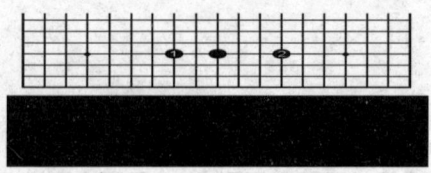

图 1-18

立

当双方的棋子在边、角上相接触时,顺着自己的棋向下"长"一子,叫"立"。

如图 1-19 中的黑 1。

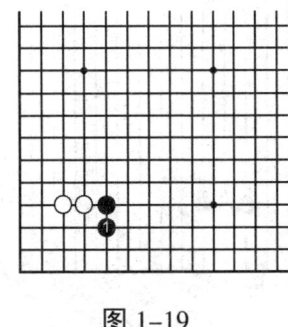

图 1-19

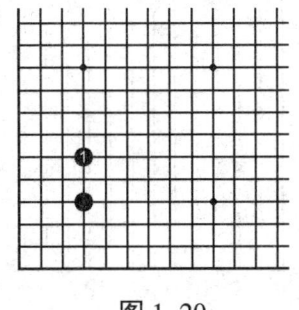

图 1-20

跳

在原有棋子的同一条直线上,隔开一路下一子,叫"跳",也可以叫"关"或"单关"。

如图 1-20 中的黑 1。

尖

在原有棋子的斜线上(即方格对角上)下一子,叫"尖"。

如图 1-21 中的黑 1。

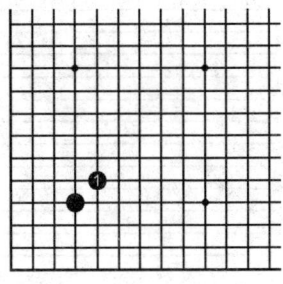

图 1-21

扳

在双方相互贴紧时,为阻止对方的出路,一方从斜角在对方前方下子,叫"扳"。

如图 1-22 中的黑 1 和白 2 都是扳。

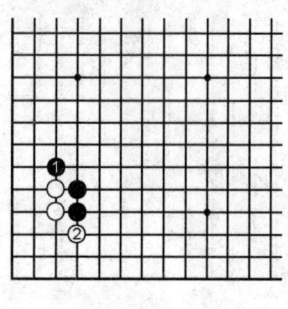

图 1-22

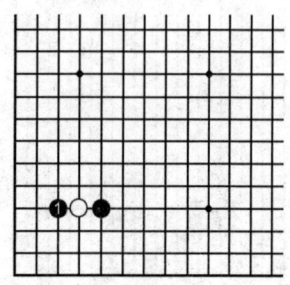

图 1-23

夹

两个子把对方一子夹在中间,称为"夹",见图 1-23 中的黑 1 与另一黑子,把 1 个白子夹在中间了。

虎

三子构成一个品字状叫"虎",见图 1-24 黑三子构成的形状就是虎,图中的 A 位叫"虎口",边角上类似的形状也可以称之为"虎"。

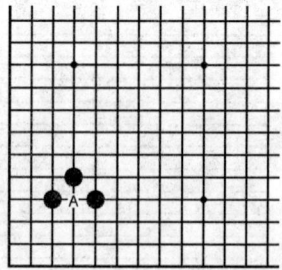

图 1-24

爬

靠近底边的,同"长"相似的手段,叫做"爬"。如图 1-25 中的白 1。

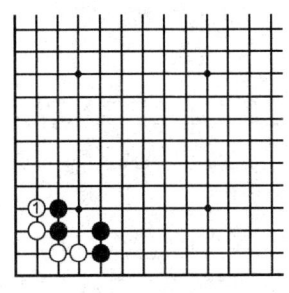

图 1-25

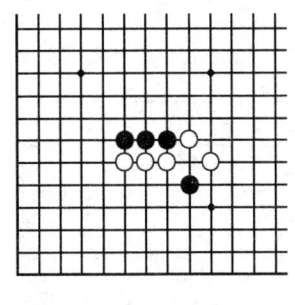

图 1-26

刺

对准对方的虎口下一子,准备切断,叫"刺"。如图 1-26 的白子。

打

在对方棋子只有两口"气"的情况下,再下一子,紧它一口"气",下一着就能提掉它,叫"打"或"打吃"。如图 1-27 的黑 1。

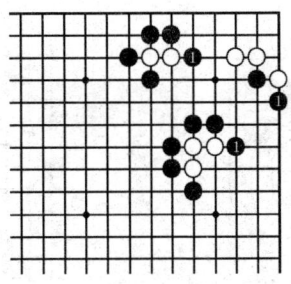

图 1-27

扑

扑是指往对方虎口里投子,是一种进攻的手段。作用在于破眼或者收紧对方的气。

如图 1-28,白 1 位投进对方虎口中,目的在于破黑眼形,黑 2 提子是假眼,整块黑棋只剩一个眼,成死棋。

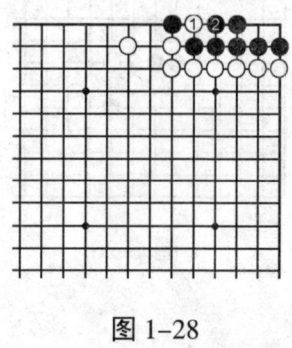

图 1-28

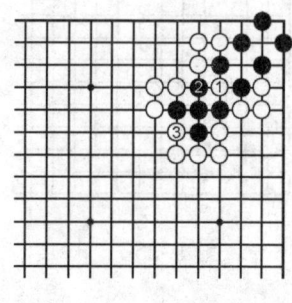

图 1-29

如图 1-29,白 1 入虎口,黑 2 提,白 3 紧气使黑五子不能连回,叫接不归。

还有一种利用扑直接吃子的情况,叫做倒扑。

如图 1-30,白 1 扑入对方虎口中,使黑难以提白 1 一子,若黑走 A 位,白再走 1 位提回,黑五子被杀死。

如图 1-31,同样白 1 扑入,黑不能 A 位提回,否则黑七子将被杀死。

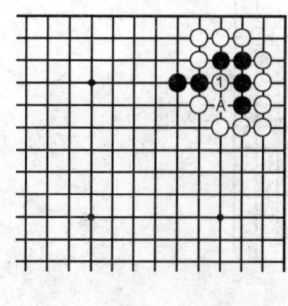

图 1-30

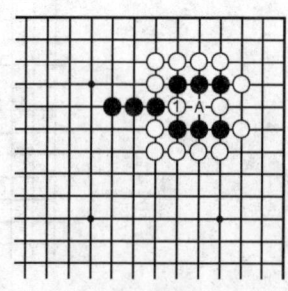

图 1-31

征

在对杀时,能够每手棋打吃对方棋子的手段中叫做征或扭羊头。

如图 1-32,白 1 开始步步打吃,弈到 11 止,黑已逃不出去,这种下法叫做征子。

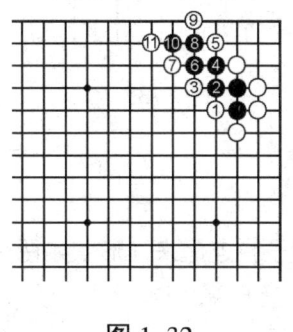

图 1-32

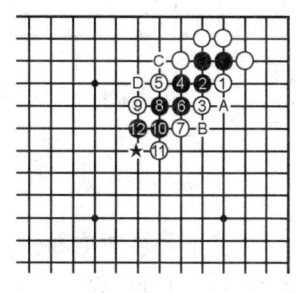

图 1-33

如图 1-33,此形黑棋前方先有★一子,当白走 1 位打吃时,黑可走 2 位长,到黑 12 止已同★子联络,白棋征子手段不成立。

这种在征子前方有★一子接引的棋叫做引征。凡是在图中征子前进方向的六条线以内有对方的棋子时,就不能采用征子。否则,将给自己留下无数的双打吃。

注意,当对方征吃自己棋子时,若前方无引征子,切勿向前逃跑,不然越死越多,应置之不理,走其他处,或引征。

双打吃

下一个子,同时打吃对方两边的子,叫"双打吃"。如图 1-34 的黑 1。

有了"双打",对方总有一边要被吃,不能两全。

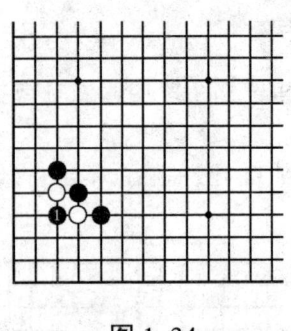

图 1-34

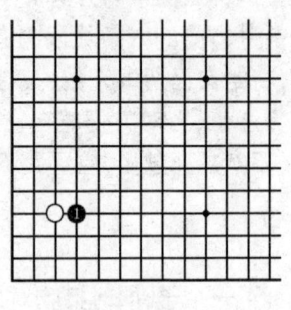

图 1-35

双

为了不致被对方断开,把自己的棋子拼连起来(形状如两个"单关"并列),叫"双"或"双关"。如图 1-35 的黑 1。

渡

在棋盘的边线上(一般在三路以下),在对方的棋子底下放一子,使自己两部分棋子连结在一起,叫"渡"。如图 1-36 的黑 1。

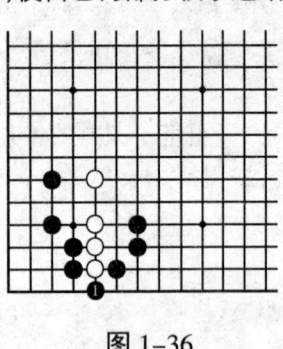

图 1-36

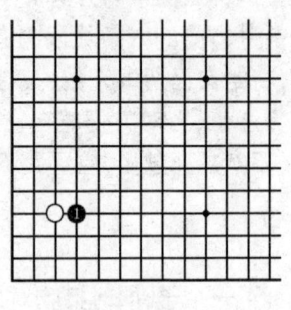

图 1-37

碰

紧靠对方棋子的旁边下一子,叫"碰"。如图 1-37 的黑 1。

托

紧靠对方棋子的下边下一子,叫"托"。见图1-38的黑1。

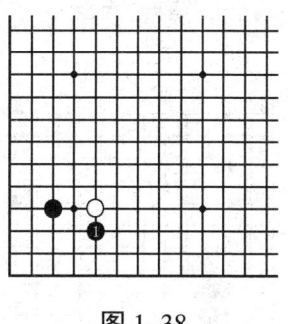

图1-38

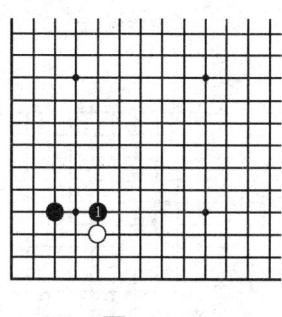

图1-39

压

紧靠对方棋子的上面下一子,叫"压"。如图1-39的黑1。

冲

从自己原有的棋子出发,向对方棋子的空隙冲去,叫"冲"。如图1-40的白1。

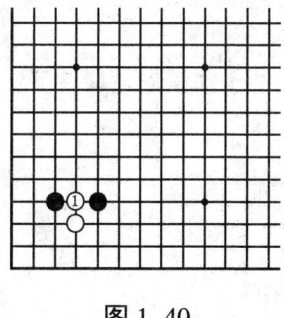

图1-40

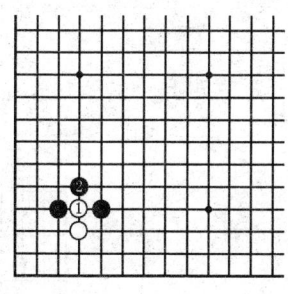

图1-41

挡

在对方向外冲出时,迎头堵住它的去路,叫"挡"。如图1-41的白1是"冲",黑2就是"挡"。

提

下一个棋子就把对方的子从盘上吃掉叫"提"。见图1-42中黑1。

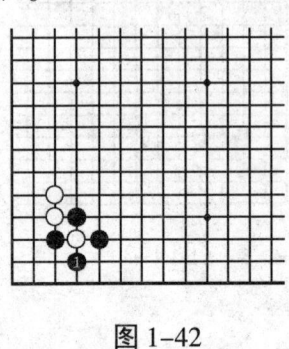

图1-42

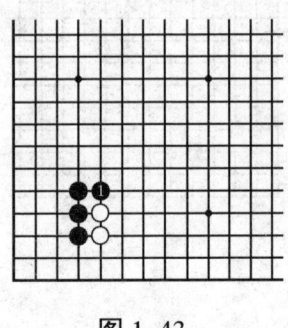

图1-43

拐

使自己的子成曲形,并紧贴着对方棋子的下法叫"拐"。如图1-43中黑1。

靠或搭

紧靠对方子的旁边下子、并有自己的子作策应,这种下法叫"靠"或"搭"。如图1-44中的黑1。

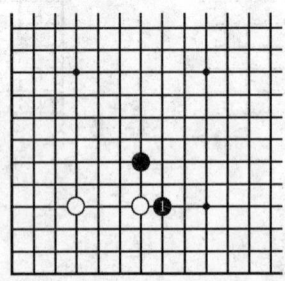

图1-44

镇

在对方子的直线上方空一路下一子,叫"镇"。如图 1-45 中的黑 1。

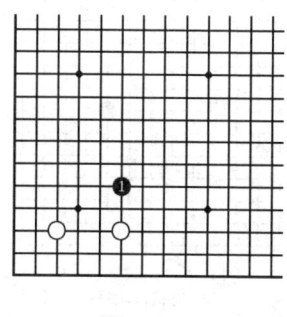

图 1-45

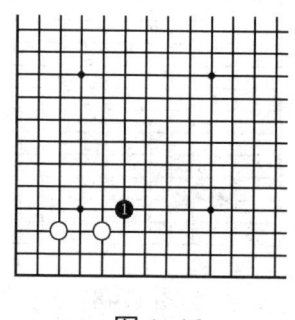

图 1-46

肩 冲

在对方子的斜上方成"尖"的位置上下子,叫"肩冲"。如图 1-46 中的黑 1。

尖 顶

使自己的子成"尖"的位置,并紧靠对方棋子的走法叫"尖顶"。如图 1-47 中黑 1。

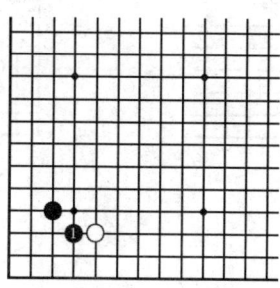

图 1-47

退

和对方接触的子,向自己其他子的方向延伸一子叫"退"。如图 1-48 中的黑 1。

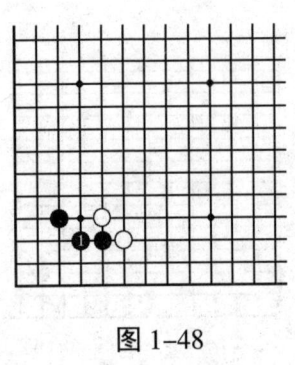

图 1-48

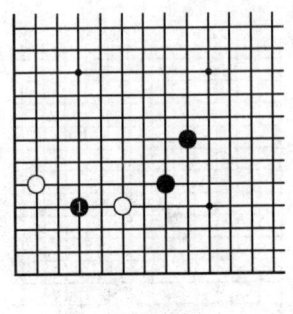

图 1-49

打 入

在对方控制的地方投子叫"打入"。如图 1-49 中的黑 1。

并

和自己的子并排下一子(不碰对方的子),叫"并"。如图 1-50 中的黑 1。

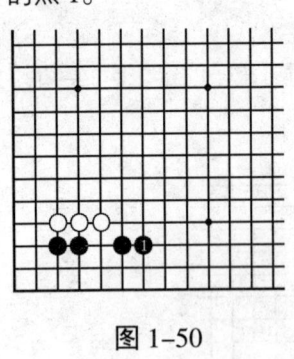

图 1-50

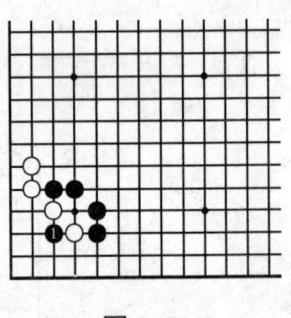

图 1-51

掖

紧贴着对方成"尖"形的两个子下一子叫"掖"。如图 1-51 中的黑 1。

点

瞄着对方棋的要害下一子,叫"点"。如图 1-52 中的黑 1。

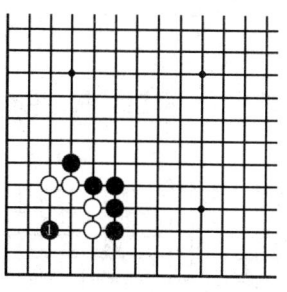

图 1-52

打二还一

当一方提掉另一方两个子时,另一方可以立即回提一个子。如图 1-53 黑 1 提白两个子,接着图 1-54 白立即走 1 位,提黑一个子,这即是"打二还一"。

此外还有"打三还一"、"打四还一",同"打二还一"一样,均可立即回提一子。它们都不属于打劫之列。

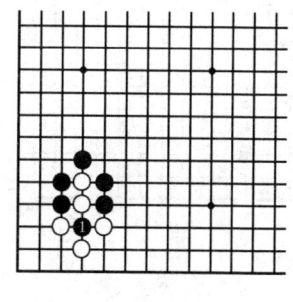

图 1-53

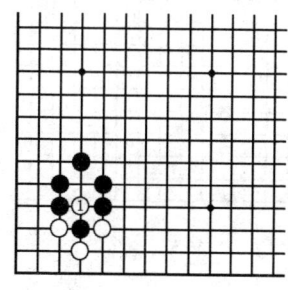

图 1-54

飞

从原有棋子出发,向"日"字形的对角上下一子叫"飞"(严格讲应该叫小飞)。

如图 1-55 中的黑 1。

比"小飞"多一路下子,即走到"目"字形的对角上,叫"大飞",如图 1-55 中的黑 2。

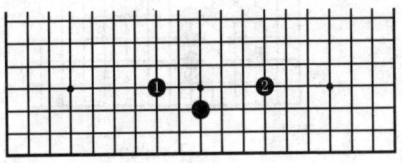

图 1-55

跨

跨与跳很相像,但比跳更严厉。跨一般多用于切断对方小飞的形状,故有"飞要跨断"之说。如图 1-56 中的白 1。

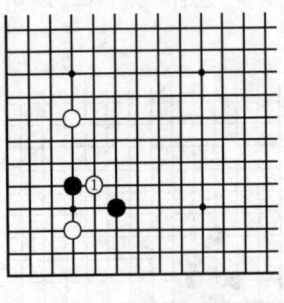

图 1-56

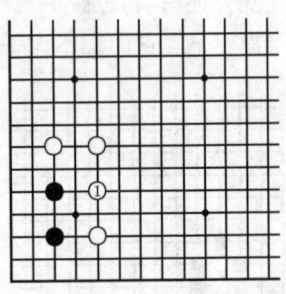

图 1-57

封

阻住对方中腹发展的出路,并且还把对方封锁在自己的包围圈之中,这样的手段称之为"封"。如图 1-57 白 1。

地盘(空)和目

黑棋、白棋都在棋盘上争占交叉点是围棋的最基本出发点。如图1-58,黑白双方都用了7个子,也都从棋盘上占走了7个交叉点,如果这样下,就都错了,可以说这些黑子和白子全都死气沉沉,毫无生气,没有生命力,缺乏效率。

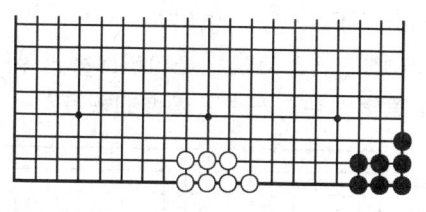

图1-58

图1-59中黑棋的7个子已不是只占据7个交叉点了,因为黑棋除了占据7个交叉点外,还围了一块空地,又称地盘,这块地盘由两个交叉点组成,实际黑棋现在是用7个子围这块地盘,这块地盘,由9个交叉点组成;右边的白棋同样用了7个子,但围了9个交叉点的地盘,加上7个白子本身占据的7个交叉点,因此白棋这7个子占走了全盘的16个交叉点。

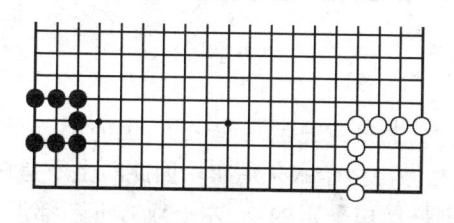

图1-59

对照两图比较一下,弄明白以后再继续往下看。

①地盘

地盘又叫空(音:控),由围起来的属于某一方的若干个点组成,是围棋的生命。

双方轮流下子，理论上双方下到棋盘上的子数是一样的，要想取胜，大家要像图1-59中白棋那样，用相同的子数围得较大的地盘，也就是从全盘占走较多的交叉点。

②目

如图1-59黑围住两个交叉点，称黑围有2目棋；白棋围住9个交叉点，称白围有9目棋。

我们再分析一下，下图中的情况。

如图1-60，图中右上方是不是白棋已经占据的大块空地呢？同样下边是不是黑棋大空？左上方是谁的领域？

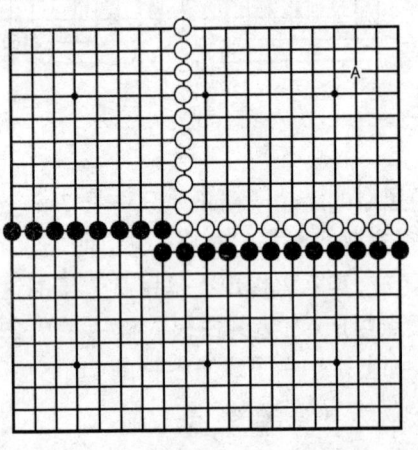

图 1-60

回答是：右上白虽完全围起来了，但内部过于空虚，黑进入A位一带能轻松做出两个眼来活棋。因此右上不是白确定的空。同样，下边也不是黑棋确定的空，左上双方谁还都没有围住，谁的领域都不是。

见图1-61。作为对图1-60的一种改进，白棋内部不再空虚，黑棋内部也已得到巩固。这回可以说右上是白棋的大块地盘，下边是黑的大片国土了。因为现在，在对方占据的地盘中，很难走出一块有两个眼的活棋来。

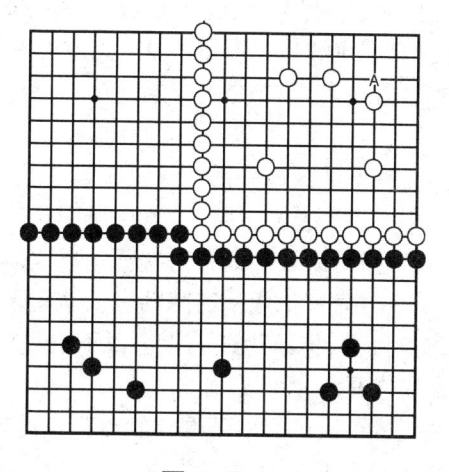

图 1-61

五、胜负判定法

围棋胜负的判定对于初学围棋者来讲很复杂,计算的方法也不止一种,在学胜负判定法之前,先要了解一盘棋是如何结束的。

在对局的过程中,如有一方确定自己已经失败,不必再计算到底是输多少的时候,可以在右下角,棋盘的外面放两颗棋子表示认输,这种情况叫做"中局胜"或"中局负",在日本把这种情况称之为"中押胜"或"中押败"。

什么情况要认输是一个没有定论的问题,基本上,任何棋局都可以坚持到底,没有人能强迫你认输。但高手对局,到了局势已无可挽回的时候,硬要苦撑至最后,不但让对手难过,而自己也有失身份,实在没有必要。

如果真要坚持下去,那么一局棋要到什么时候才算结束呢?一局棋进行到最后的时候,棋盘上已经是密密麻麻的棋子,此时把黑白交界之处全部补满,于是双方的地域完全确定,就可以开始计算输赢了。

在开始计算之前,还有一个必要的程序,那就是要跟对方打个招呼,看对方是否同意结束。下棋不是一方想结束就结束的,一定要双方同意才可以结束,除非是一方愿意认输,那么棋局随时可以结束。

跟对方打招呼不需开口讲话,只要拿起1颗棋子放在右下角棋盘外面,表示"虚手"建议终局,对方如果同意,也在棋盘外放1子,那么棋局就真正结束了。如果对方不同意,表示要继续坚持下去,建议终局的一方只好把虚手的那颗棋子拿起来,再继续下。如果是对方提议终局时,你认为还有棋可以下,当然可以继续下,因为终局一定要双方同意才可以。

明白了这些就可以了解以下围棋胜负判定的方法了。一般判定围棋胜负的方法有两种。

1. 比目法

比目法是我国最早的判定围棋胜负的方法。唐代围棋传入日本,因此在日本一千多年的围棋历史里,始终是以比目法作为胜负的计算标准。后来围棋由日本传往世界各国,比目法也随之流传开来,因此,除中国外,世界各地判定围棋胜负都是采用比目法。

什么是"目"呢?由活子所围成的空点就是目,1个空点是1目。一盘棋下完之后,看谁围的空点较多谁就获胜。比目法的特点在于强调棋子的围地效能,没有围到空的棋子称为单官,在比目法里单官完全没有作用。

实例1

如图1-62,角上黑棋有8个空点,也就是8目棋。

如图1-63,黑1是无意义的一手棋,在比目法里角上黑棋现在只有7目了。换句话说,黑1不但没有增加空点,反而减少了自己的目。

图 1-62　　　　　　　　图 1-63

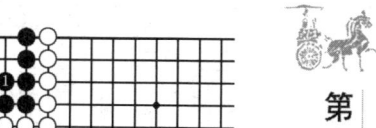

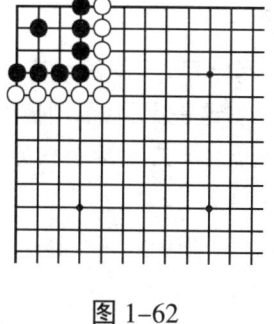

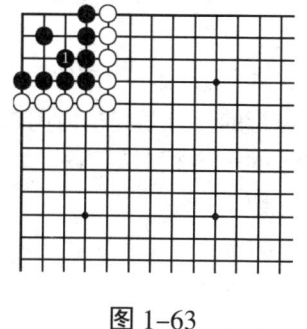

实例 2

每一颗死子是 1 目,最后计算的时候死子要填在空点里。譬如,黑棋围了 40 目,但有 6 颗棋子被白棋杀掉,那么黑棋就只有 34 目了。

如图 1-64,现在角上黑棋有 5 目,加上白棋两颗死子是 4 目,角上的黑棋就共有 9 目。(白棋两颗死子拿掉之后,黑棋就多出 2 目,而两颗白棋死子还要填掉白棋 2 目)

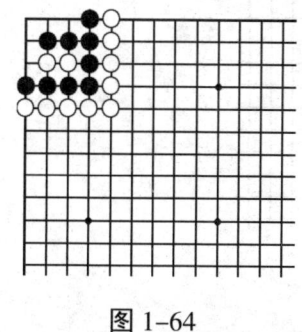

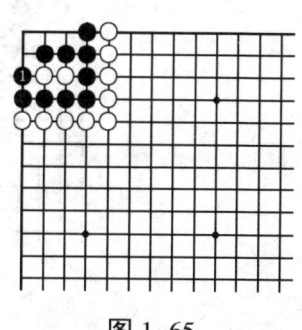

图 1-64　　　　　　　　图 1-65

如图 1-65,黑 1 提 2 个白子,在比目法里是没必要下的损着,角上黑棋由 9 目变成 8 目。

不过,比目法有一个缺陷之处,那就是死子不能由提取来证明,这一点很麻烦。

特别是初学围棋者,死活判断不是那么准确,多下一手就损失

1目,不下的话,又实在放心不了。要是双方对死活产生歧义,还是不容易解决。

目前,日本、韩国等国家和地区均采用比目法,同时规定,执黑先行的一方在终局时向白方贴还六目半。这是因为,下围棋时,先走的一方相对要占一些便宜,为公平起见,黑方要给予白方一定补偿。

2. 数子法

数子法是目前我国采用的计算胜负方法。

数子法比比目法有一个明显的优越之处,那就是死活可以用提取来证明。

也就是主张实战解决,这是比较合理的一种方法。数子法的计算标准是双方各自把本方棋所有的活子加起来,看谁活的棋子多谁就是胜利者。

如图1-66,比目法黑棋是8目。

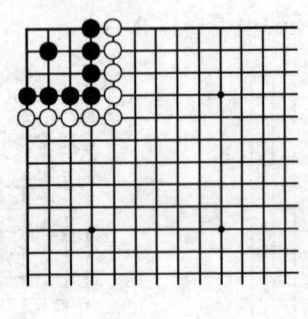

图1-66

如图1-67,黑棋一定要有2个眼才能活,去掉2个眼之后,黑棋总共活了14个。

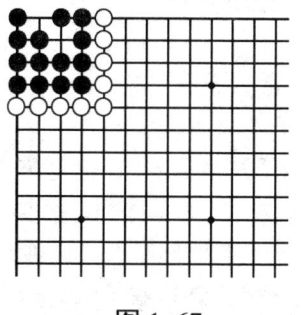

图 1-67

如图 1-68，黑 1 虽然是无用之着，但无损于角上空域，黑棋下与不下都只能活 14 个子。

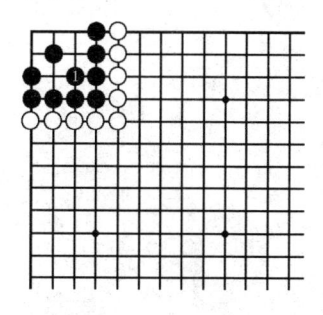

图 1-68

如图 1-69，要证明白棋 2 个子的死活很简单，只要提取就可以。黑地不会因提取而减少，这是数子法最大的长处。

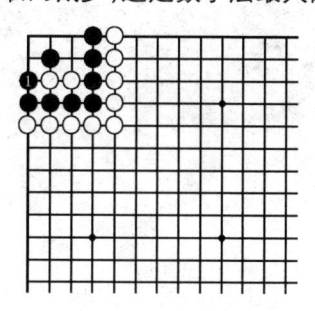

图 1-69

目前，我国所用的数子法规定：终局时，黑要贴还 $3\frac{3}{4}$ 子给白方。也就是在 361 点的棋盘上，黑棋超过 $184\frac{1}{4}$ 子（包括了贴子）即为胜利；而白方获胜则最少需要 177 个子。这是从配合比目法的需要出发而制定的新数子法。

为了计算方便，数子法也需要"做空"。把棋子全部填满后再 1 颗 1 颗数太费时间，不如拿掉一些棋子，把空域做成一块整数，再数剩余的棋子就会节省大量时间。不过这种方法会将整个棋形破坏，万一数错了就无法查证，这是数子法的一大弊端。

此外，还有一种胜负计算方法——计点法，这是由我国台湾的实业家应昌期先生发明的。由于计点法使用范围很窄，只在应氏杯比赛中使用，这里就不详细介绍了。

第二章

入门知识

本章所讲的，是围棋入门常识。初学者应具备这些常识，便于对局运用。但是，学围棋必须重视实践，例如棋盘的路数和各个部位，下子的规矩和死活条件，胜负的计算方法，以及常用术语，都不仅要在书面上知道名称，更重要的是在对局中反复练习，才能从思想上确实了解和掌握。

一、地

棋子占据的交叉点，包括围住的空交叉点，叫做"地"。

地是决定胜负的根本，对这一点必须要有十分清楚的认识。

如图 2-1 中黑棋所围的地，可以看做是黑棋所得。黑子所占据的交叉点是 13 个，所围的空交叉点是 15 个，二者相加，这块黑棋所占的地总共是 28 个子。

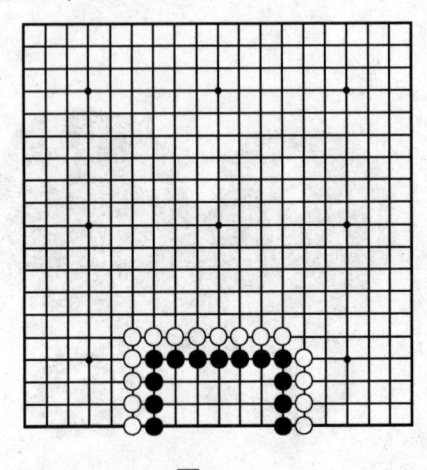

图 2-1

下边是棋盘的边界，不必再特意去围住了。

围起来的空，如果还有空隙被对方侵入，就不是完整的空，就不能算自己所占的地。

见图 2-2[1]的黑地就不是一块完整的空，在黑与白的交界处

a位,正是黑地的空隙之处。[2]的白1冲入黑空,黑地损失殆尽。

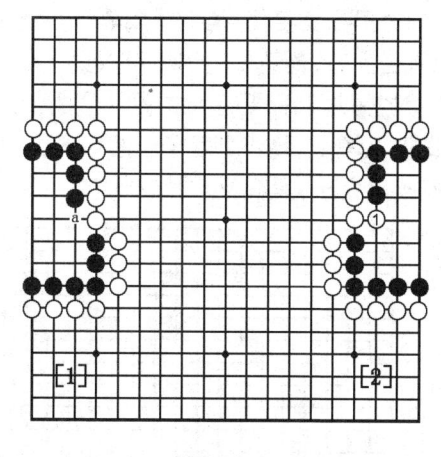

图2-2

能够侵入的地,就不是完整的地。黑走上[1]的a位,弥补上边界的缺陷,才算保住自己所占之地。

如图2-3中[1]的黑地也是有缺陷的。白a位断,黑二子即被吃掉,黑不可能b位逃,否则白c位即可提掉黑之子。

因此,[2]的白1时,黑只能2位打吃白1一子,白3扳,黑地

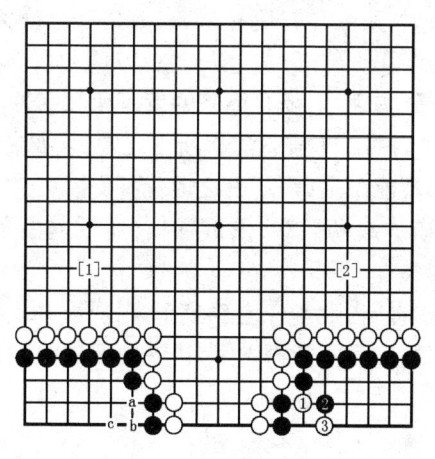

图2-3

损失不小。

所以,在[1]时黑 a 位接住,角上才属黑地。

所占之地是否完整,最重要的因素可以说是断点。

如图 2-4 中的黑地,需要注意的是 a 位的断点,当白 a 位断时,黑方务必谨慎思考之后,才可落子。黑如 b 位打吃就错了,白 c 位长时,反而打吃黑之子,黑棋反成被吃状态。

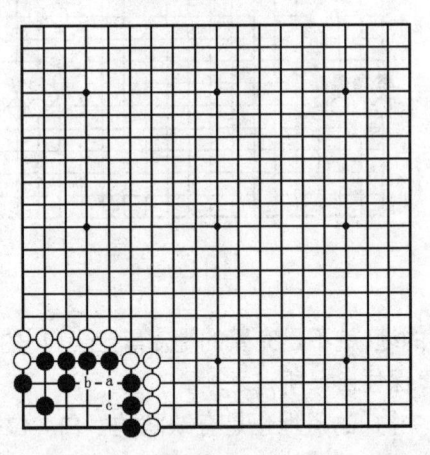

图 2-4

白 a 位断时,黑 c 位打吃正确,白 a 之子已成为逃不掉的被吃之子。

侵入对方所占之地,随之而来的就是死和活的问题。

如图 2-5(1)的白 1 侵入黑棋所占之地,只要白棋被黑棋杀死,也就是说白棋不能做活,黑所占之地就不受损失。

(2)的白棋作成两只眼,形成活棋,所活的白子正好是黑地被侵入所受的损失。

当黑白双方所占之地完全确定下来,不会再有增减的时候,也就是说侵入对方空后不能再做活,边界亦无缺陷,对局即告结束。

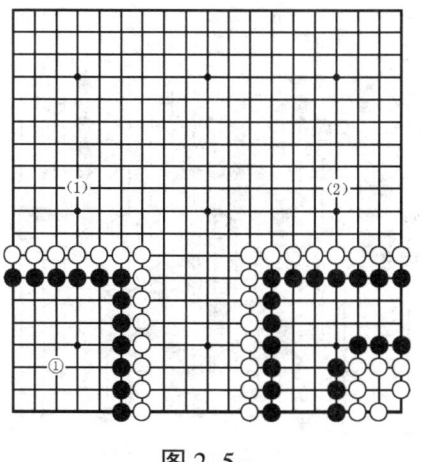

图 2-5

对局结束后要计算胜负。

计算胜负的方法是先把双方的死棋或死子从棋盘上拿掉。

如图 2-6 中右上角的白棋只有一只真眼,是死棋。上边四个白子和下边四个白子是死子。黑在左边上有两子、下有四子是死子。在计算胜负前应先拿掉。

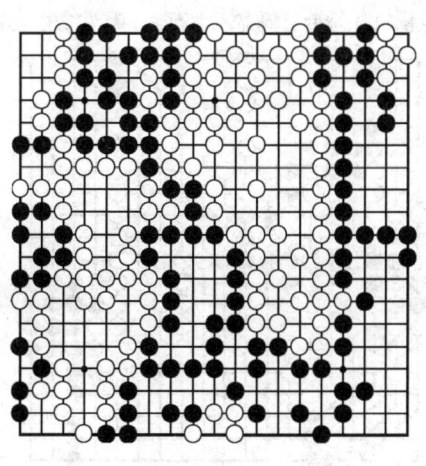

图 2-6

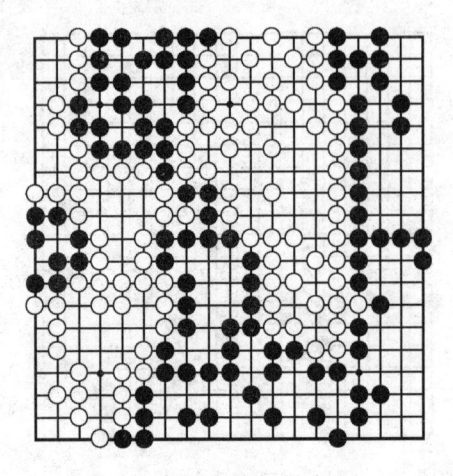

图 2-7

图 2-7 是图 2-6 拿掉死棋、死子后的形状。

然后,把其中任意一方的地域填满自己的棋子,再数一数就得出胜负了。

为了简便起见,一般都是把大块整棋做成整数,不填子,这样叫做"做棋"。

图 2-8 是"做棋"的例子。做黑棋:右上 40 个,上边 20 个,中央 20

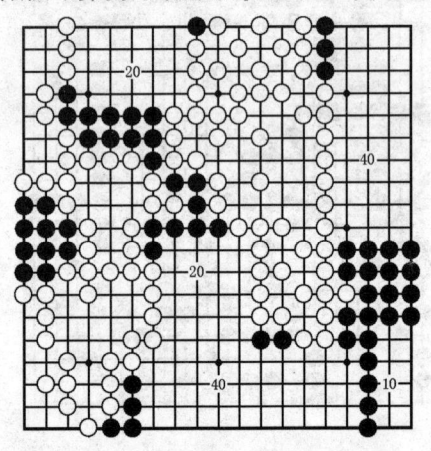

图 2-8

个,下边 40 个,右下 10 个。共计:40+20+20+40+10=130 个。再把零头的地用子填上数一下,是 61 个。最后把二者相加,即 130+61=191 个。

棋盘上共有 361 个交叉点。所以,每人要占 180½ 子才能保本,超过者为赢,不足者为输。所以这盘棋如果不贴子,黑方是 191-180½=10½ 子胜。

二、围地的方法

围地最重要的莫过于子的效率。因此,在棋盘之上先占哪里后占哪里的顺序就变成研究的课题了。

在图 2-9 中(1)、(2)、(3)的黑子各围得 9 目。所不同的是(1)在角上围 9 目用 6 个子;(2)在边上围 9 目用 9 个子;而(3)在中央围 9 目就要用 12 个子。

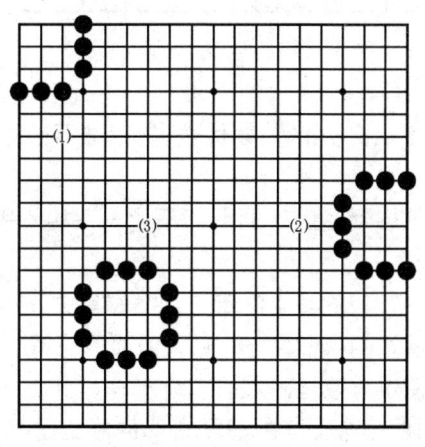

图 2-9

所占相同的目数,而子数不同。这是因为在角上有两条天然边界,边上有一条天然边界可以利用,中央则无此天然条件可以利用。

因而可以得出结论:围地的时候,角上的棋子最容易发挥效率,其次是边,最后是中央。占空角最有利已经明了,而具体走在哪个位置呢？从效率上考虑，离天然边界远一点就能围得大一点，但是太远了又会被对方侵入。掌握好分寸很有必要。

通常认为，如图 2-10 中的黑 1 走在星位较为适当，另外走在 a、b、c、d 都是常见的手法，以此作为根据地，逐渐向外扩张。

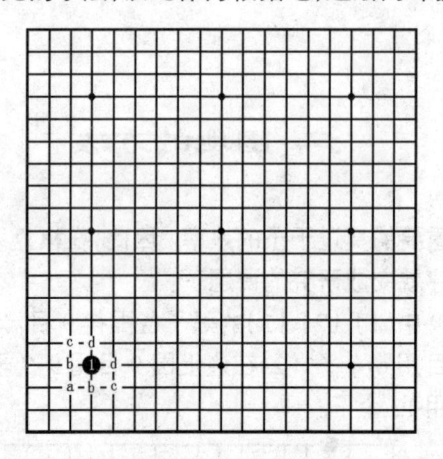

图 2-10

至于黑 1 及 a、b、c、d 等，孰优孰劣，则难下定语，都要看个人喜爱和运用而定。

棋是由点发展到线的。然而却不能一手接一手地连，那样的话，效率就太低了。

如图 2-11 中(1)的黑 1 的走法，叫做"单关"。

单关是最基本的棋形之一。它一方面能保持棋子之间的联系，另一方面又能使棋有效地发展。

图中(2)的白 1 企图切断黑子之间的联络是不可能的，黑 2 叫吃就已经连接上了。情况不同时，黑 2 还可以在 a 位叫吃。

图中(3)、(4)的白 1 也是企图切断黑子之间的联络，黑 2 连上就行了。

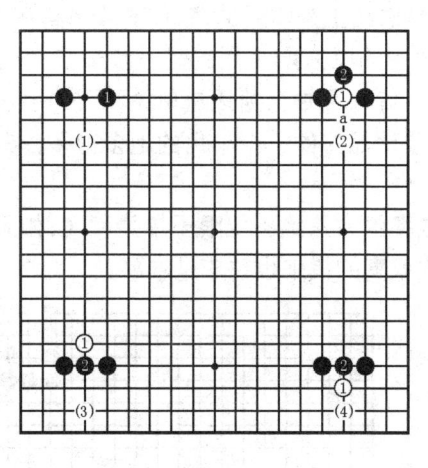

图 2-11

如图 2-12 中(1)的黑 1 的走法,叫做"飞"。

飞也是最基本的棋形之一。它所连接的坚实程度和效率都不比单关差。

(2)的白 1 企图切断黑子,黑 2 简单地连接。

(3)的白 1 也不可能破坏黑子的完整。

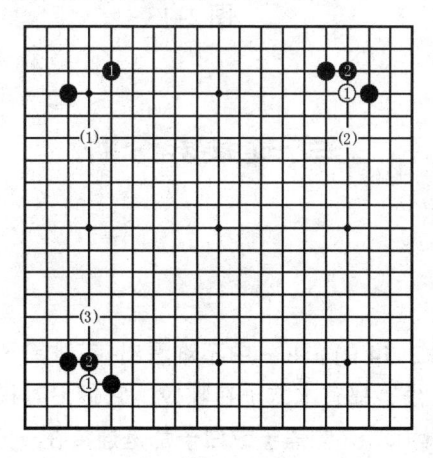

图 2-12

单关和飞从联络上是牢固的,它们的效率高在什么地方呢?

如图 2-13 中的黑方所采用的是一步一步相连接的保守经营手法,毫无效率可言。而白方所采是单关和飞的手法。不难看出,白方所控制的地要比黑方的一个小角的地多得多,白方取胜已经势所必然了。

当然,有效率的方法绝不仅限于单关和飞,如果逐步掌握了各种技术,走出效率高的棋来也并非是难事。

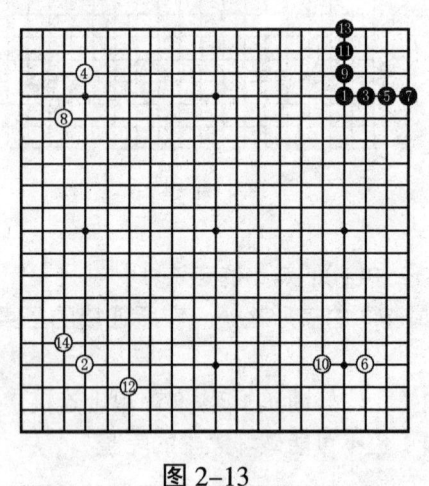

图 2-13

三、连接和分断

1.棋的连接

大家从图 2-14 的 a、b、c 中不难看出,每排黑子或白子中的每个子在发展路线上都有本方子在呼应,它们沿着棋盘上的纵横线紧贴在一起。因此,这些黑子或白子都是连接在一起的。

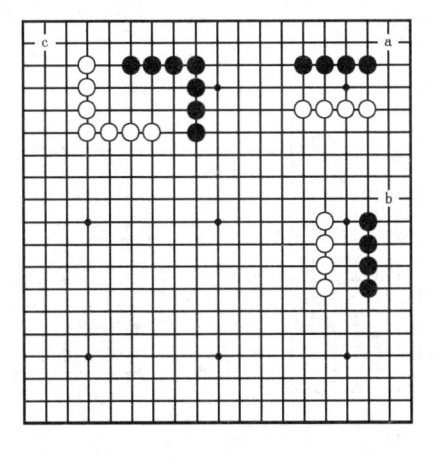

图 2-14

下棋时,棋子的连接与否是个很重要的问题。棋子连在一起就占有主动权,在攻守中就不会陷于被动局面。如果互不连接,头绪太多,就会被对方抓住缺陷,进行攻击。所以我们应学会判断什么样的棋是连接的,什么样的棋是没有连接在一起的。

如图 2-15 中黑棋虽然形状弯来曲去,但它们确实是按照纵横紧密排列在一起。因此它们是相互连接的。

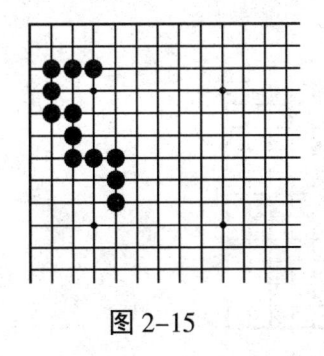

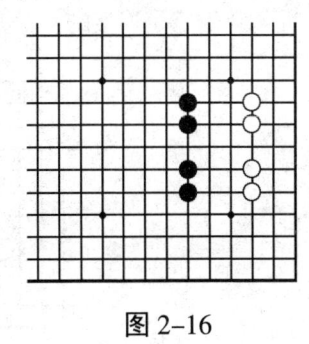

图 2-15　　　　　　图 2-16

学习了上面的内容,我们就不难看出图 2-16 中的棋形都不能算连接,因为它们的中间都缺少一子。

让我们看看图 2-17a 中棋子按斜方向排列是否算连接呢? 看

上去是连着的,实际上由于棋子没有按纵横直线连接,所以并不能算真正的连接。一旦有白子把黑子拦腰斩断,4个黑子就被分成两段了。

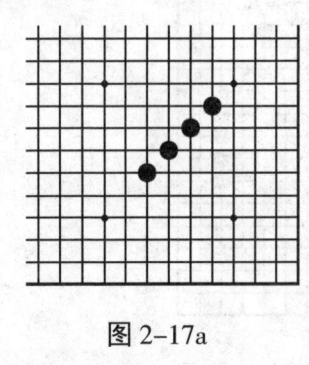

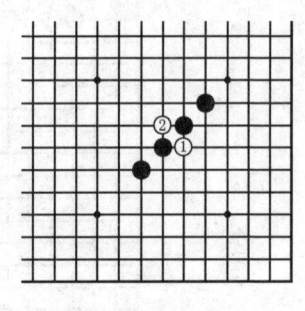

图 2-17a　　　　　　　　图 2-17b

如图 2-17b 显示了切断后的形状。

但在实战中,图 2-17a 的 4 个黑子是完全连接在一起的,只不过是间接相连。也许你会觉得此说法有点儿前后矛盾,但看了图 2-18 的解释,你就会明白了。当白 1 企图分断黑棋,黑 2 就把断点接上。因为围棋的规则规定一方不得连续下二子,所以黑 2 得以从容地接上断点。倘若白方不死心,继续用白 3、5 来分断黑棋,黑棋可从容地以黑 4、6 来应对,接牢自己的棋。所以说,这种棋形在周围没有对方子的情况下,可以判断它是连接的。

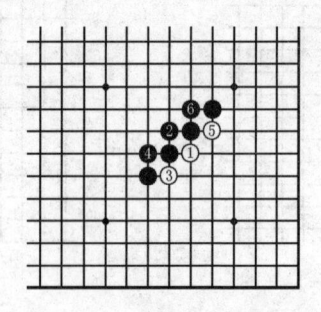

图 2-18

2. 分　断

"棋从断处生",这是棋界的一句谚语。它的意思是说围棋的许多变化都是通过分断而产生的,可见断的重要性。

什么样的棋形是有断点的呢？请看图 2-19a、b、c,黑棋的棋子没有连接好,被白 1 在要害处一击,黑棋就被分割成两块,陷于被动。白 1 所走的点就称为黑棋的"断点"。而白 1 的手段就叫"分断"。

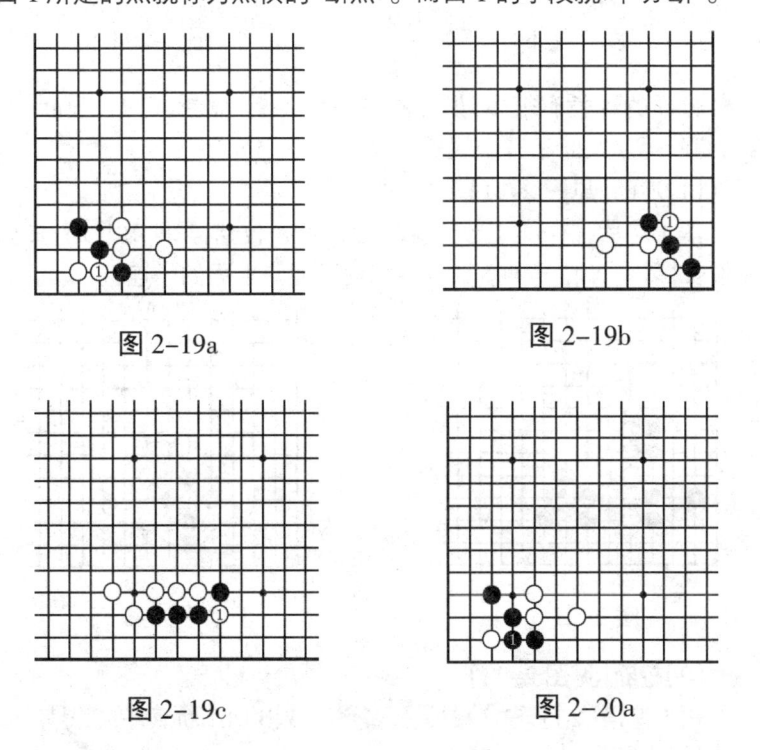

图 2-19a

图 2-19b

图 2-19c

图 2-20a

若要防止被断,黑棋只要抢先补一手即可,如图 2-20a、b、c 所示,像这种补强断点的手段在围棋术语中称为"粘"。

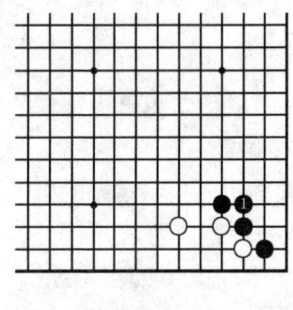

图 2-20b 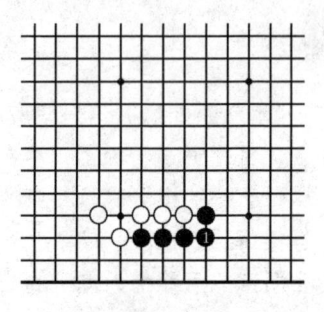　　　　　　　　　图 2-20c

分断的种类有很多,如冲断、挖断、尖断、靠断、跨断、顶断、打断、纽断等。在此举几个例子介绍一下。

(1)冲断(见图 2-21)

黑 1 冲后,白 3 子已无望救出。白如 A 位挡,黑即 B 位断;白如 B 位长,黑就 A 位再冲。白 3 子始终不能与上面的子连接。

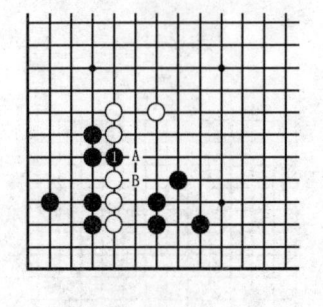

图 2-21 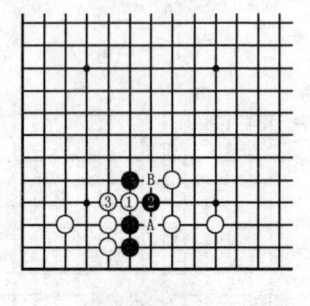　　　　　　　　　图 2-22

(2)挖断(见图 2-22)

白 1 挖,黑 2 打,白 3 接后,黑暴露出 A、B 两个断点,白必得其一。

(3)尖断(如图 2-23)

黑 1 尖后,白棋暴露出 A、B 两个断点,黑必得其一。

其他有关的分断方法,在此就不一一举例了,这些技巧等到你对围棋熟悉之后,自然会逐步了解。这节的目的是要告诉你棋子连接的重要性。一旦没有连接好你的棋,对方就会把你的棋分断,使你陷于被动局面。

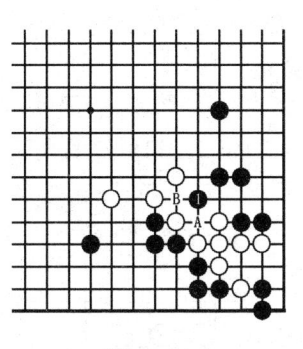

图 2-23

四、叫吃和提子

叫吃,就是吃掉对方的子。围棋中,棋盘上任何一个地方,无论黑子还是白子,只要被对方的子所包围,而无法做出两眼以成活,被围的子就被吃掉了。

被吃掉的子一般由吃子的一方从棋盘上拿掉。如图 2-24 中(1)、(2)是黑子被吃的情况,(3)、(4)是白子被吃的情况。关于吃子后面还会详细讲述。

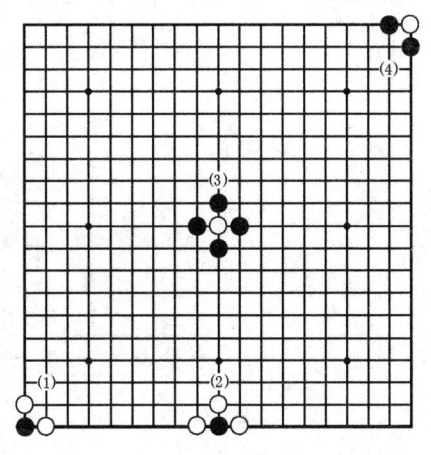

图 2-24

初学围棋的人,最快乐的事就是吃子。因而常希望努力学习,争取把对方的棋子全部吃掉。

如图 2-25 是吃掉白一子的形状。黑围住了白子横竖相邻的部分,分别是中央部分、边的部分和角部的吃法,也就是用两手棋、三手棋和四手棋的各种吃子方法。记住这些是很重要的。

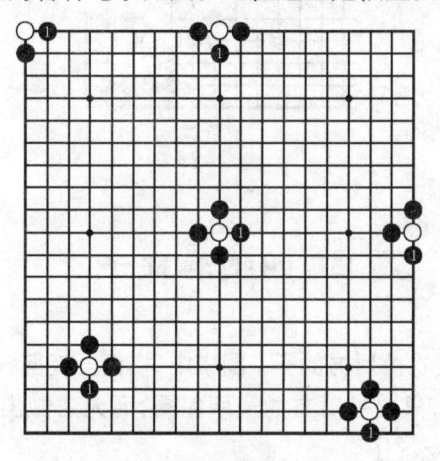

图 2-25a

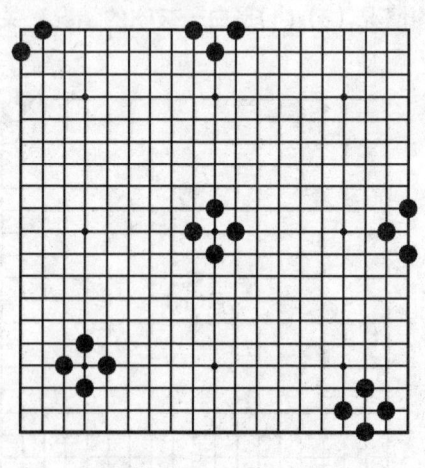

图 2-25b

这个场合与取地相同,提子也叫得目。

如果所围之子在纵横间没有间隔就可以提掉。也就是说，在斜对角上，有对方的子也没有关系，照样可以提掉。

图 2-26 的斜对角上有白子，若走黑 1，就可以吃掉白一子。这和"五子棋"的走法是不同的。

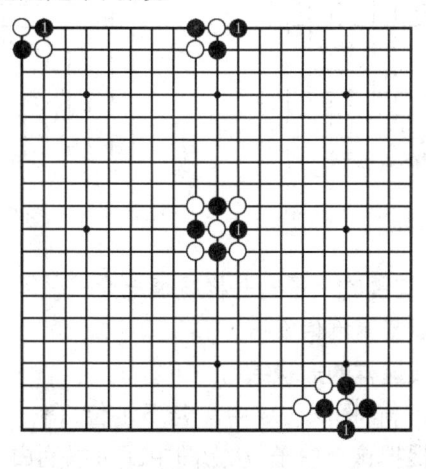

图 2-26

图 2-27 若走黑 1，白子的纵横部位就全部被围住。请自己摆成这样的形状练习一下。

白子被提掉。一旦形成吃子形必须立即提起来，"等会儿再吃"可不行。

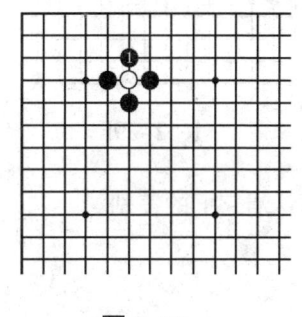

图 2-27a 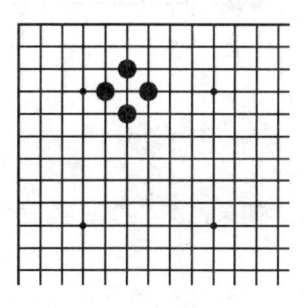   图 2-27b

图 2-28，吃许多子时也一样，白若走 1 位，就把七个黑子纵横

方向全都围住了。

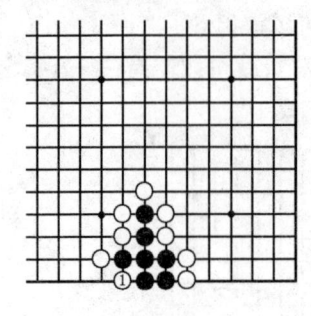

图 2-28a

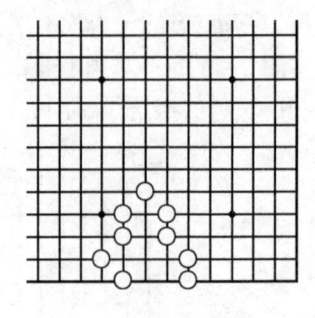

图 2-28b

这样一来，与围吃一子时一样吃掉七个子。不管有多少个子，只要从纵横方面紧紧围住就行。

请自己摆成这样的形状练习一下。

有间隙可不行，图 2-29a 中黑若下 1 位，白一子也逃不掉了，但黑不能立即提掉这个白子，从上图中即可以明白，白子旁边还余一口"气"。

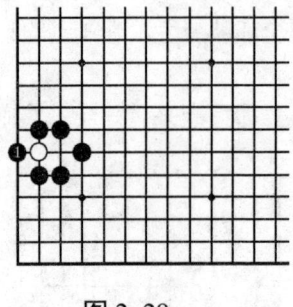

图 2-29a

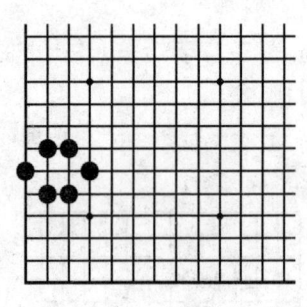

图 2-29b

如果像图 2-29c，黑就可以吃掉，请认清它们的差别。

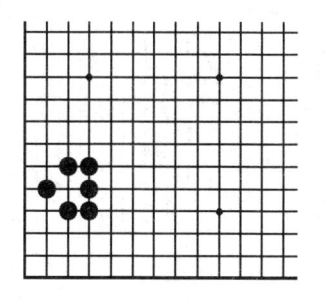

图 2-29c

1. 子的提取方法

图 2-30a、图 2-30b、图 2-30c 都是黑提白子的情况,只要一着,☆这白子就可提掉。

这几张图中,图 2-30b 为边上提子,图 2-30c 为角上提子的情况。

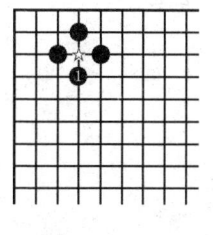

图 2-30a 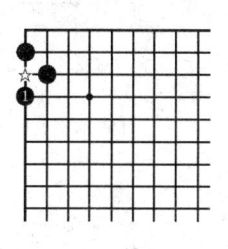　　　　图 2-30b 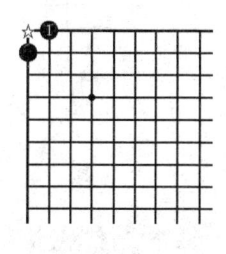　　　　图 2-30c

让我们来看看图 2-30a、图 2-30b 与图 2-30c 提子的过程。图 2-30a 请看图 2-31,图 2-30b 请看图 2-32,图 2-30c 请看图 2-33。读者不妨在棋盘上摆摆看。

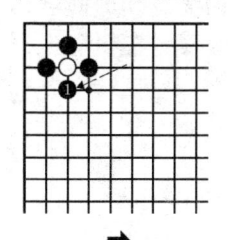

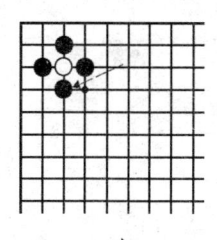

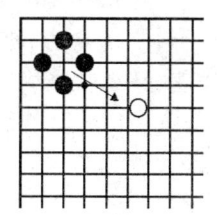

图 2-31

图 2-32

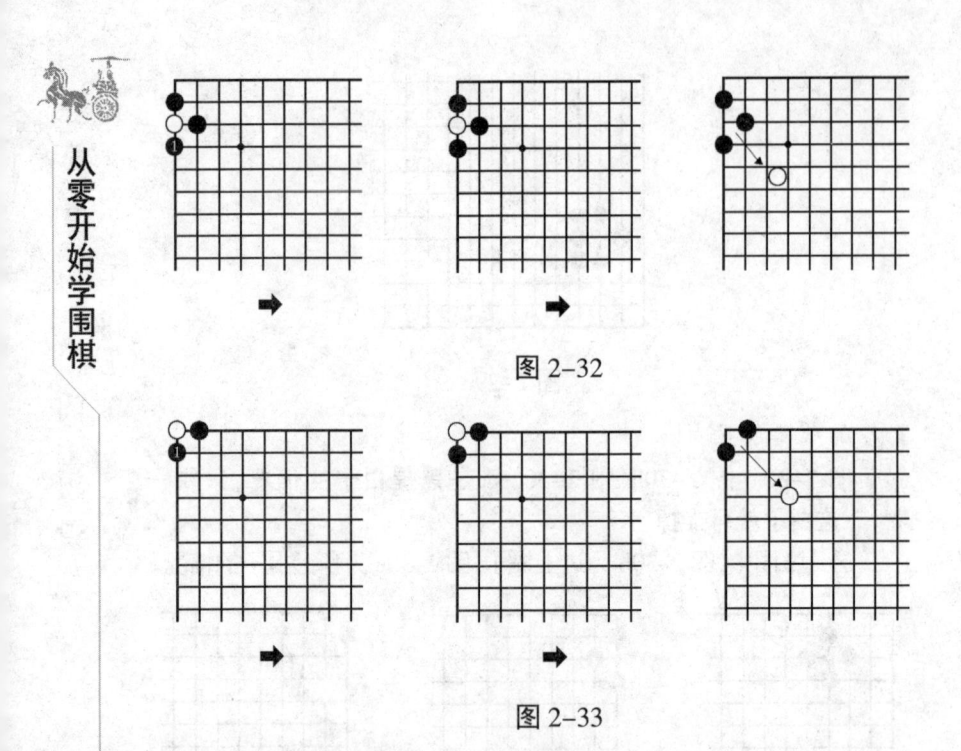

图 2-33

2.提子与打吃技巧

不仅一子,对包围住的子,不管多少和什么样的形状都可以提掉它们。一下提掉棋盘上某部分或许多子,最初可能不太习惯,往往容易出差错,以后习惯就好了。

图图 2-34~图 2-37 是子较多时被提取的情形。和前面讲的一样,黑 1 一走,被围住的白棋就可提掉了。请读者在棋盘上摆摆看,练练提子。

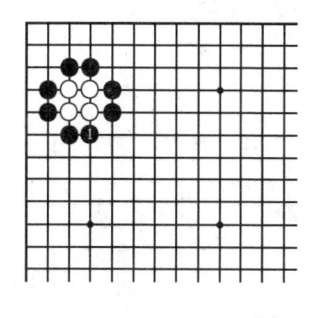

图 2-34

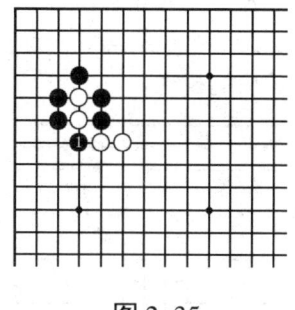

图 2-35

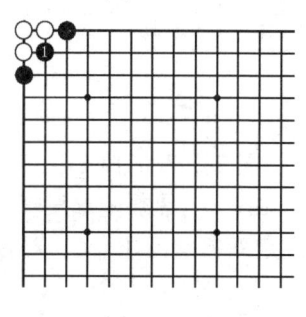

图 2-36

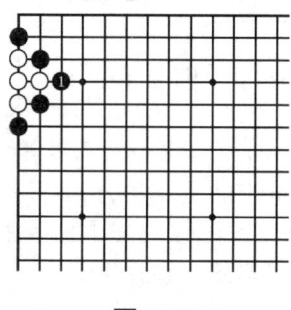

图 2-37

下一手就可提掉对方的棋子,则这一手称为"打吃"。

至此读者大概已初步了解了棋子的提取方法。下面我们来思考一些简单的问题。

图 2-38a,黑 1 一走就打吃白二子的棋形,白此时如走图 2-38b 中的白 2 打算逃,这样走是逃不出去的。

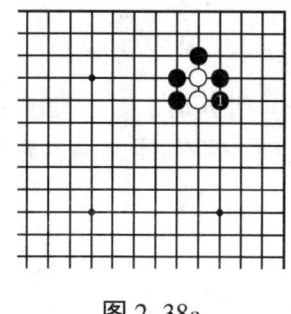

图 2-38a

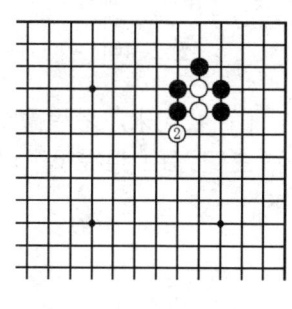

图 2-38b

那么此时黑怎样走可提白子呢?大概大家已经掌握了吧!

图 2-39a 的黑 3 一定就可提白☆二子的。图 2-39b 为☆二子提掉后的棋形。

图 2-39a

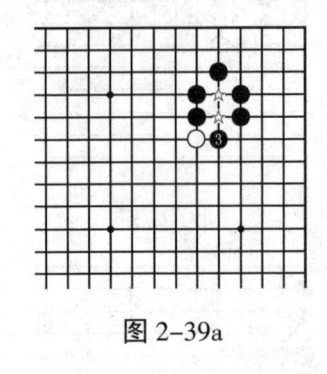

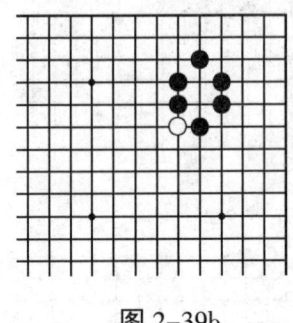

图 2-39b

那么白怎样走才可逃出不被提掉呢?图 2-38b 的白 2 应走图 2-40 中所示的地方,就可逃出来了。这样白一走,黑想吃这三子需围三个子,要一连走三手才行,但围棋规定双方交互下子,这样白棋不可能立即被提掉。

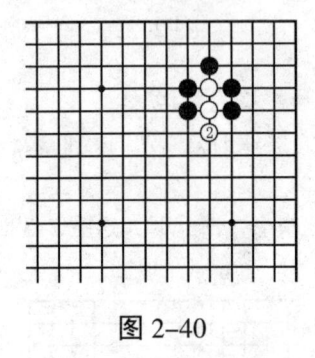

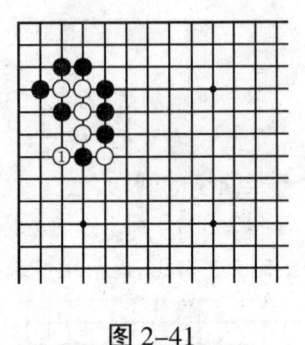

图 2-40

图 2-41

下面我们来思考稍微复杂些的棋形。图 2-41、图 2-42 和图 2-43 三图,白 1 想提黑子。黑该如何回应才好呢?请读者认真思考一下。

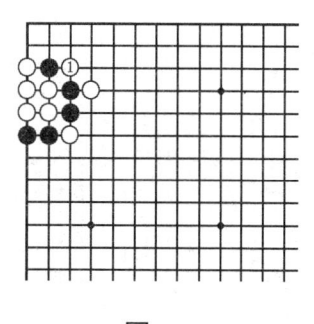

图 2-42

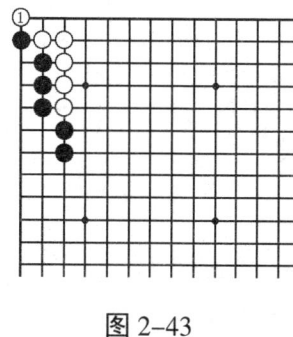

图 2-43

图 2-41 的解答为图 2-44：
黑 2 可提白子。

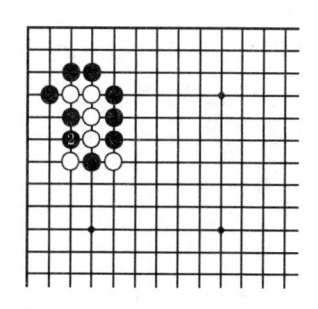

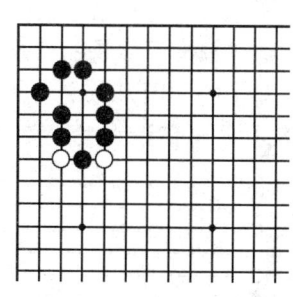

图 2-44

图 2-42 的解答为图 2-45：

黑有两个地方被白打吃着。黑如 A 位逃，则白 B 提黑一子；黑如 B 位逃，则白 A 提黑二子。因此黑无论逃哪里都不行，只有提白子，才免于被吃。问题就是这样，黑 2 一走提掉白数子，自身也安全了。

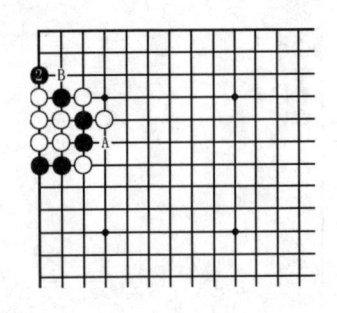

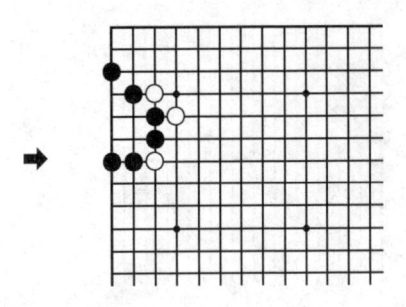

图 2-45

图 2-43 的解答为图 2-46：

不知大家一看这个棋形有没有什么联想？

这种棋形好像是白特意让对方来提似的。黑 2 一走提白这一子。角上的子因只有二个通路，白 1 这么一走，马上就成被打吃的状态，关于这点请大家注意。

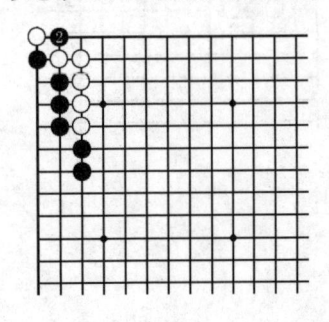

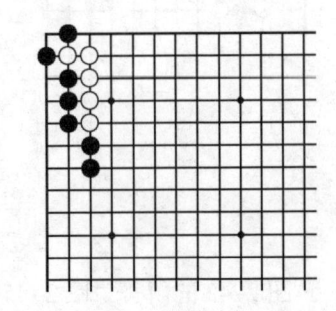

图 2-46

至此所讨论的是子的提取方法，读者只要掌握这一点就可下棋了。也许有些读者还存在问题，但只要能提子，则下棋就会感到十分愉快。初涉棋坛的读者，学到这里就可进行二人对弈了。一方面可熟悉棋盘和棋子，一方面还可以实际做吃子提子的尝试。

连　接

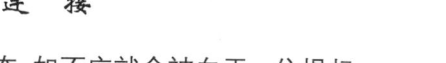

A:黑处于被"叫吃"的状态,如不应就会被白于 a 位提起。
B:黑走 1 位,营救出叫吃一子。

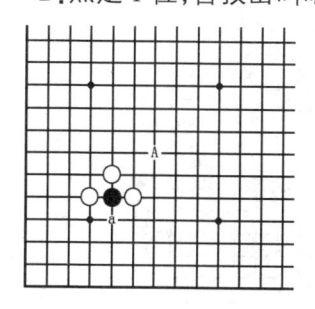

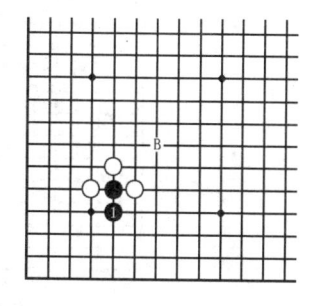

图 2-46(a)

C:在盘中间的一个子有四气。
D:两个子连接起来有 6 气。棋子连接起来,气就长,生命力也强。

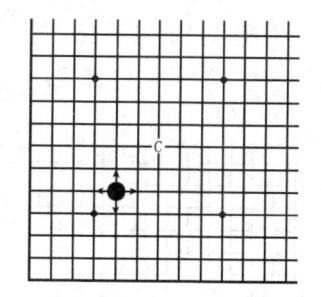

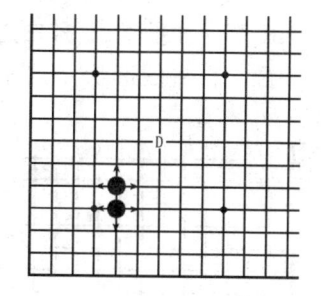

图 2-46(b)

斜　线

斜线上的子不能视为连接。
A:黑 1 走在斜线上,完全起不到救出黑子的作用。
B:白走在 2 位照样可以提掉黑一子。
C:这是提起后的形状,很明显黑处于不利状态。

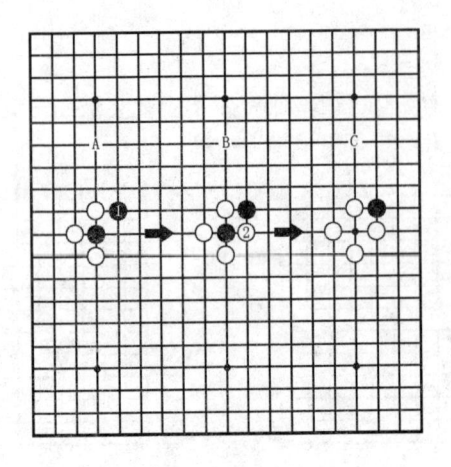

图 2-46(c)

逃不出去的子

A:黑子成为被叫吃的形态。请注意白☆两个子。

B:黑1试图逃出,被白走在2位,两个黑子还是被提起。

像 A 图中的形状,黑子就是逃不出去的子。遇到这种情形,就不要再逃了。

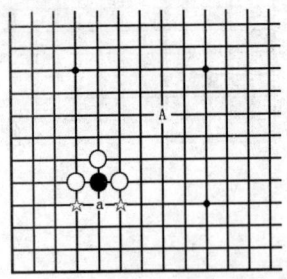

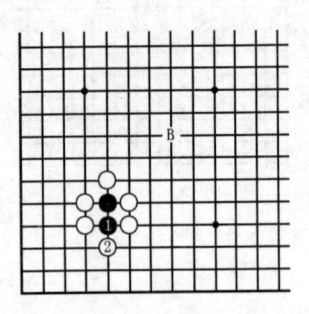

图 2-46(d)

C:在 A 图形状上再加两个黑★子,情况不同了,下一着黑走 a 位就可提掉白☆一子,并救出黑子。

D:黑★一子起死回生了。

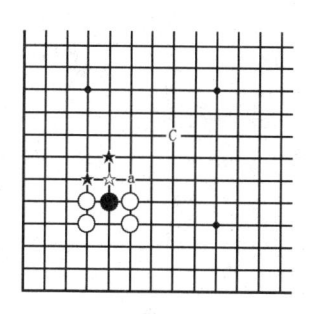

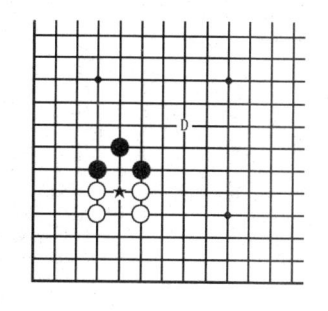

图 2-46(e)

征 吃

用连续叫吃的方法提掉对方的子,就是征吃。请看这种巧妙的方法。

A:黑 1 叫吃白☆一子。白走 a 位逃出,以下将成什么结果呢?

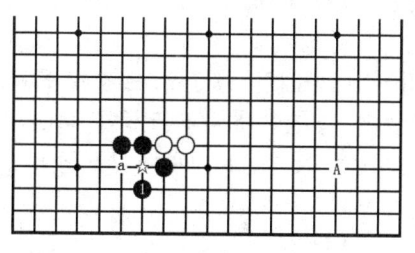

图 2-46(f)

B:白 2 逃,黑 3 继续吃。到黑 7 止,逃跑的白子依然是被追击叫吃的形状。

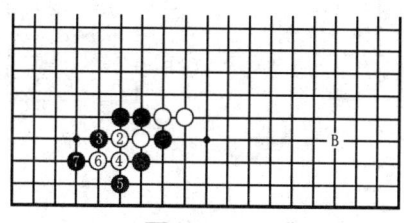

图 2-46(g)

C:继续 B 图,白 8 至 12 继续逃,但到棋盘边上便无路可走了,这样黑 13 一下便把白子全部提掉。

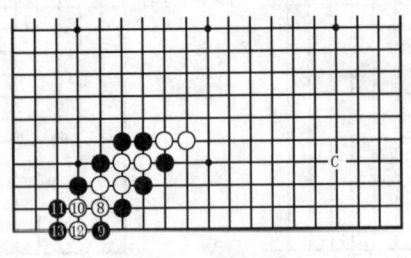

图 2-46（h）

黑的这种连续追击方法称为"征吃"。对白来说，如果形成 A 图的形状就必须放弃逃跑的意图。

双 叫 吃

叫吃很容易导致成眼而活棋，因而被叫吃一方在叫吃之前就要予以重视。

A：白子是叫吃前的形状。黑走 a，白走 b，黑走 b，白走 a，两面都能逃出。虽说如此，但随着棋局不断发展，也会出现各种问题。

B：如图，黑走 1 位，白二子同时成为被叫吃状态。白无法两全，这种形状就是双吃。

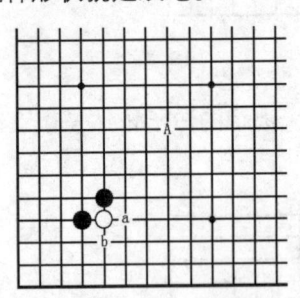

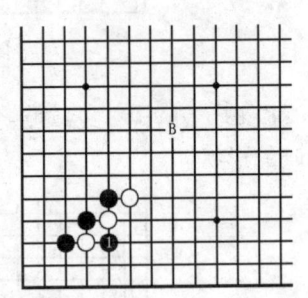

图 2-46（i）

C：白 2 逃，黑 3 提上边一子。
D：白 2 逃上边，黑 3 提下边。

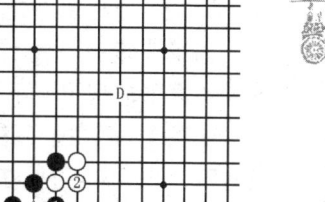

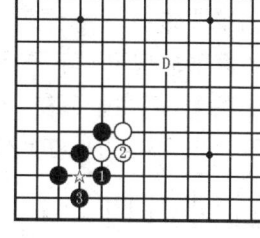

图 2-46(j)

五、不能下子的地方

凡是旁边没有气的交叉点,都不能下子。

见图 2-47 左上黑 1 处,周围都是白棋,如果黑子下在黑 1 处,已经没有气,所以黑方不能在黑 1 处下子。在围棋术语中,称黑 1 处为"禁区"。

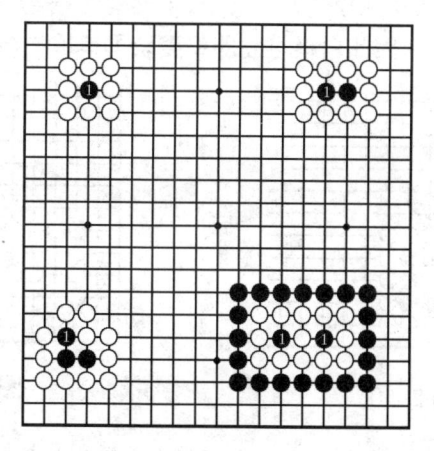

图 2-47

右上黑 1 处,黑方也不能在这里下子。

左下黑 1 处,黑方也同样不能下子。

右下黑 1 处,黑方如走进去,则已经没有气(而白棋仍有气),

因此黑方不能在黑1处下子。

如果在没有气的交叉点上下子的同时能使对方也没有气,在这种情况下非但可以下子,而且可以提掉对方的棋子。

如图2-48,白子下在1位,虽然旁边没有气,但因为黑棋同时也没有气,因此不但可以在此处下子,而且可以把八个黑子提掉吃掉。

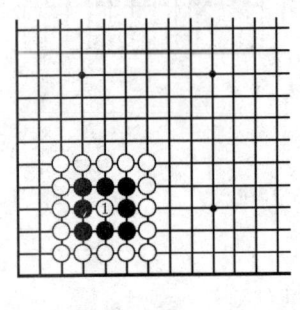

图2-48

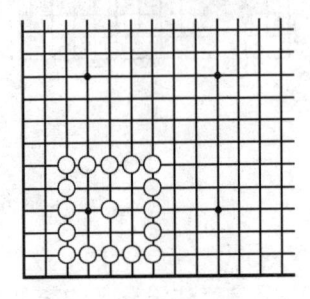

图2-49

如图2-49,这是前图提掉黑棋后的形状。

如图2-50,白方在1位下子,虽然旁边已经没有气,但同时黑棋也没有气了,因此白棋可立即将整块黑棋提吃掉。

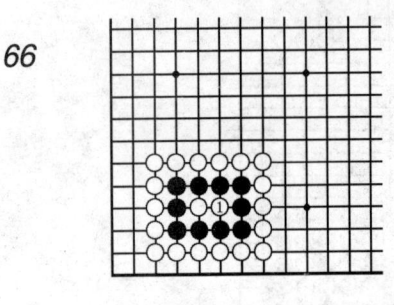

图2-50

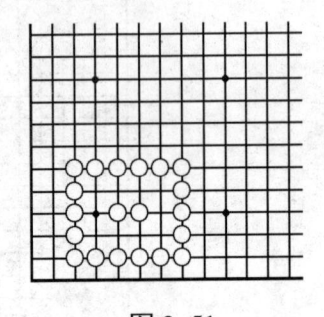

图2-51

如图2-51,这是前图白棋把黑棋提掉后的形状。

如图2-52,白方可走入1位,并同时把黑棋全部提掉。

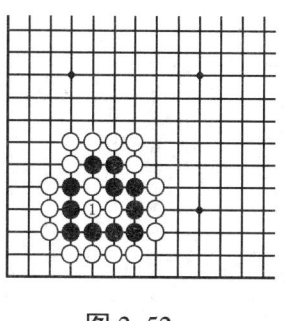

图 2-52 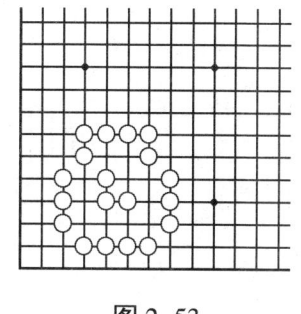　　　　　　　　图 2-53

如图 2-53,前图白方把黑棋提掉后的形状。

如图 2-54,黑方先走,黑棋走入 1 位,并同时可把白棋从棋盘上全部提掉。

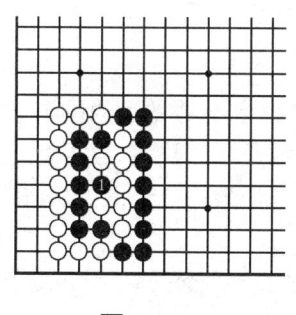

图 2-54 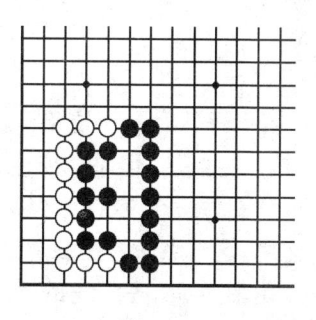　　　　　　　　图 2-55

如图 2-55,这是前图黑方把白棋全部提掉后的形状。

如图 2-56,如轮白方先走的话,白棋也可放入 1 位,并同时把七个黑子全部提掉。

由此看来,这类棋形是先下手者为胜,我们在下棋中遇到这类棋形,必争先占之。

图 2-56　　　　　　　　图 2-57

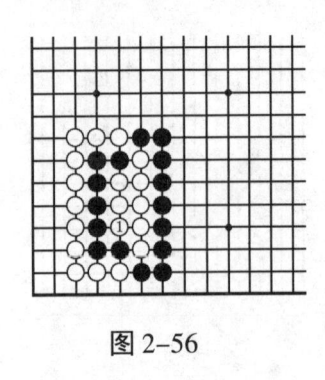

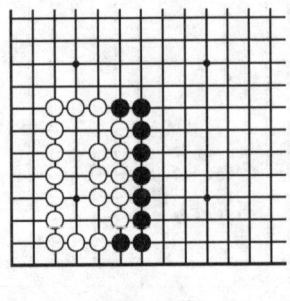

如图 2-57，这是前图白方提吃黑棋后的形状。

六、眼和假眼

几个子围住一个交叉点，术语叫做"眼"。做眼的目的是防备棋子被对方提去。但是必须注意，有一种眼是"假眼"，它虽然也是由几个子围住一个交叉点，从表面来看像一个眼的样子，但没有真眼的作用，这一点千万要搞清楚。

如图 2-58，左下角的三个黑子围住了一个交叉点，这就是眼。这个眼是黑方所专有的，白棋不能在里边放子。

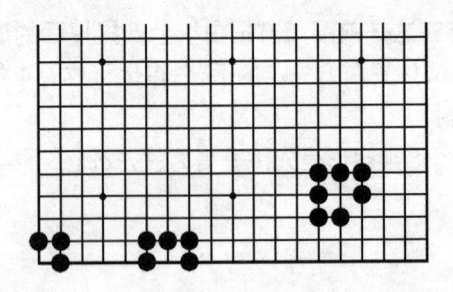

图 2-58

下边的黑棋必须要用五个黑子才能在边上做成一个真正的眼。

右边的黑棋在中腹做成一个真正的眼,须用七个黑子。从中我们可以看出,角上最易做眼,边上次之,中腹最难。

如图 2-59,左下角的白棋在角上围住了一个交叉点,从表面来看似乎是眼,但由于被黑⊙子卡住后,白棋不能起到一个真眼的作用,因此它是一个假眼,也叫卡眼。

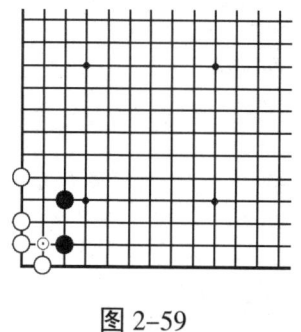

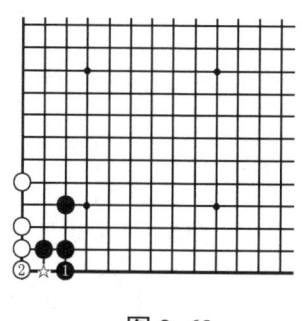

图 2-59

图 2-60

如图 2-60,前图后,黑如果在 1 位走一着,白必须走 2 位连接白☆一子,白棋的眼就消失了。

如图 2-61,前图的白如不走,黑占到 1 位,就可把白☆子提吃掉,白眼仍消失。

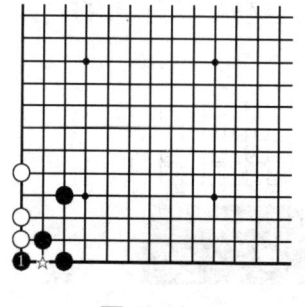

图 2-61

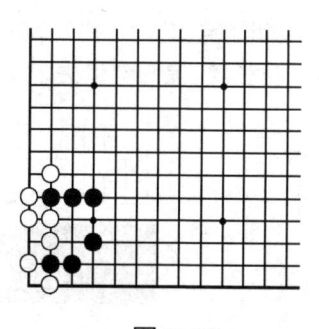

图 2-62

如图 2-62,白棋在角上虽围住了两个交叉点,但因被黑子卡住了棋形的要害处,因此都成了假眼。

如图 2-63,比如被黑 1 打吃后,白必须在 2 位连接,黑 3 也提吃掉一个白子,白眼全部消失了。

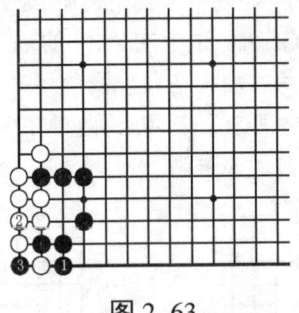

图 2-63

如图 2-64，黑棋在边上围住了两个交叉点，但由于被白两☆子分别卡住了棋形的要害处，因此都成了假眼。

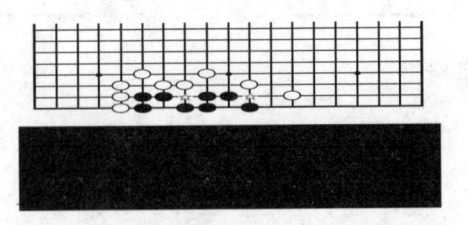

图 2-64

如图 2-65，白 1 打吃，黑须在 2 位连接，白再于 3 位打吃，黑须在 4 位连接，黑眼全消失了。

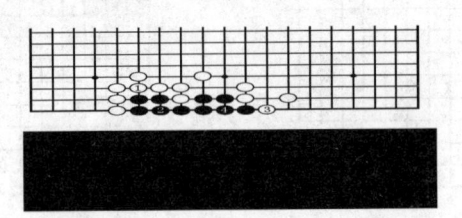

图 2-65

如图 2-66，黑棋的两个眼是假眼，因为被白☆四子卡住后，黑子与整块棋未能完全接住。

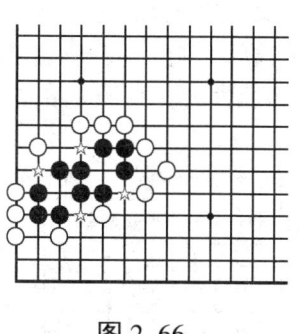

图 2-66

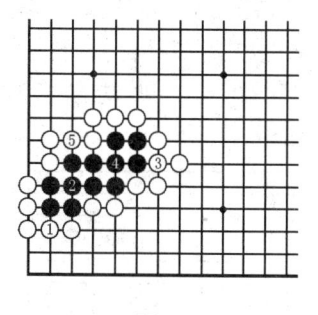

图 2-67

如图 2-67，比如白棋在 1 位打吃，黑 2 连接，白 3 再打吃，黑 4 接，黑棋眼全消灭了，随之，白 5 可把黑棋全部提吃掉。

七、打　劫

打劫是围棋特有的一种情况，指黑白双方相互间的一个子的提取。这种形状在实战时会经常出现。

如图 2-68，黑 1 的位置正好处在白棋的虎口中，虎口内允许提子。白若走 A 位可提掉黑一子。但白 A 位一子自己也只有一口气，黑如立即将白提回。这样双方你提我提就无终止了，因此围棋规则规定：任何一方先提劫后，对方不能马上回提。否则就犯规。必须在别处走一子若对方应后，再提劫。这种情况叫打劫。

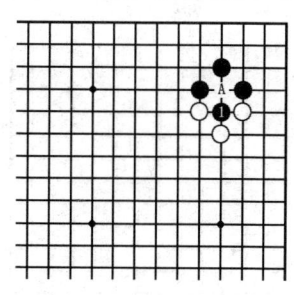

图 2-68

如图 2-69，白 1 提劫，黑不能立即提回。只有走类似图 2-70 的 2 位寻劫，或叫找劫材。目的是保白方跟着应以后再回头去提劫。白若走 3 位叫做应劫。可找劫的地方叫劫材。白情愿牺牲三子，而于☆粘，这叫做粘劫。

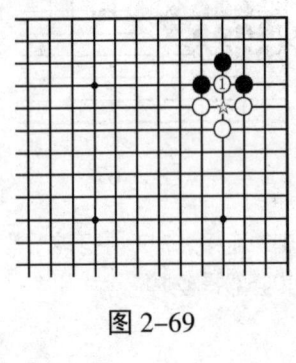

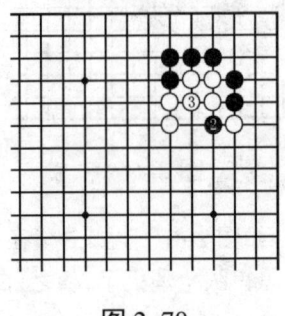

图 2-69

图 2-70

打二还一：如图 2-71、72 黑★二子只剩一口气，白下 1 提二子，而白 1 也只有一气，黑可走图 2-73 黑 2 位提一子，这就叫打二还一。

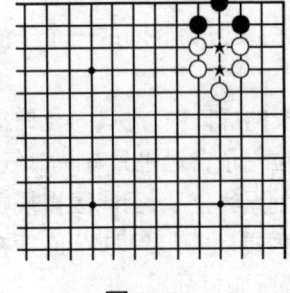

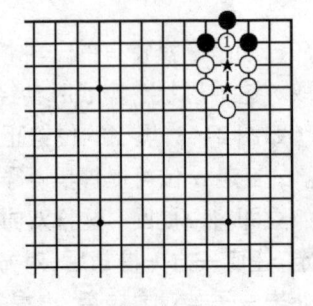

图 2-71

图 2-72

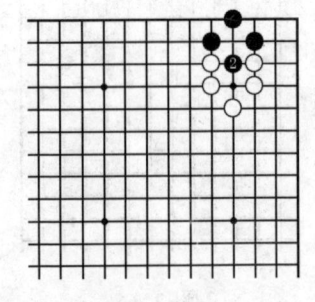

图 2-73

打劫的运用

对局中应如何运用劫这个手段呢?

如图 2-74,白 1 打吃时,黑走 2 位做劫,白 3 提劫,这块黑棋成打劫活。

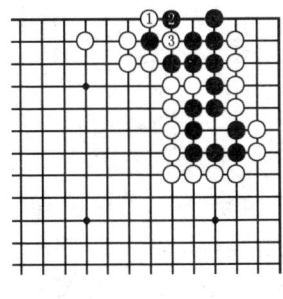

图 2-74

如图 2-75,白 1 打吃时,黑走 2 位粘,白 3 长,黑大块棋净死。

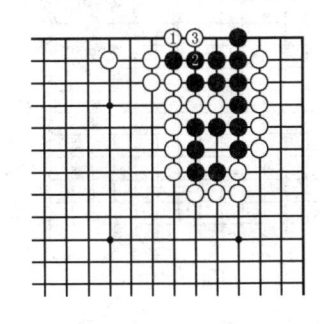

图 2-75

如图 2-76,白 1 跳进黑空,黑 2 冲,白 3 做劫是好手。

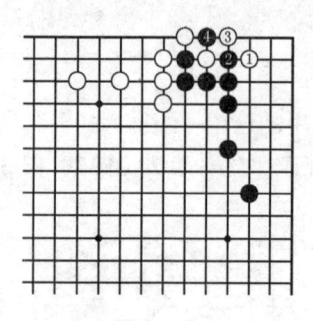

图 2-76

如图 2-77，白 1 扑也是好手，使这块黑棋成为打劫活。

通过上面几例图的学习，我们知道在对局中制造"劫"往往是一种非常有力的技巧战术手段。它能使自己的棋子免于干净地被对方杀死，还能让自己的棋子以小代价换取大便宜。

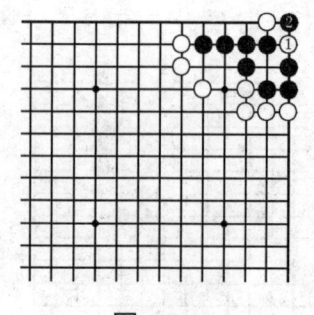

图 2-77

总之，做劫是很有力的手段，希望初学者能慢慢地学习运用和掌握。

注意：寻劫材时，一定要找比该劫价值大或价值与该劫相等的劫材。

第三章

实战的攻防技术

一、死棋和活棋

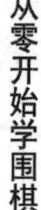

1.真眼和假眼的辨识

以下开始学习实战技术，因此，要改变一下前面所形成的观念。例如：前面所讲的好几个例子，讲到要围杀的时候，就连着排下很多棋子把它围住。但在实战时必须遵守轮流下子的规定。

在讲解连接和切断时，我们曾说过，如图 3-1 中排成直线的棋子是连接在一起的，而图 3-2 中斜向排列的棋子则无法断定它是连在一起的还是被切断的。如果按图 3-3 的方法，被黑棋连续走 1 和 2 两步，那白棋自然是被切断了。但实战时黑方不可能连走两步。因此图 3-2 所示的斜向排列的白棋按理说也是连接的。

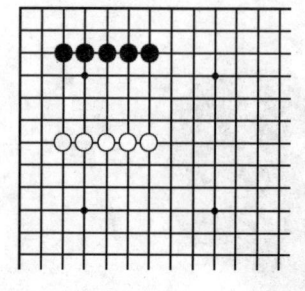

图 3-1

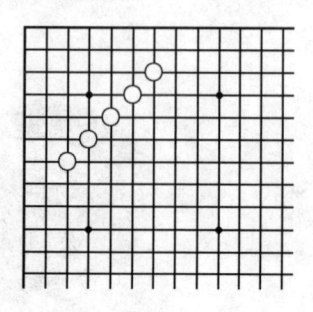

图 2

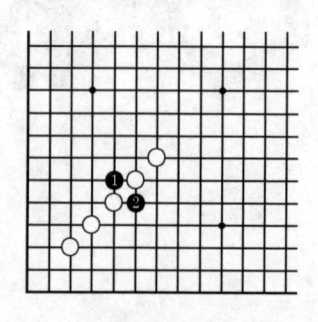

图 3

如图 3-4，黑 1 时白 2（如果黑 1 走白 2，那么白 2 就走黑 1），黑 3 时白走 4 接。以下黑 5、白 6、黑 7、白 8，结果白棋全部连接到了一起。如果白棋有一步不应，下到别处，就会被黑棋切断。

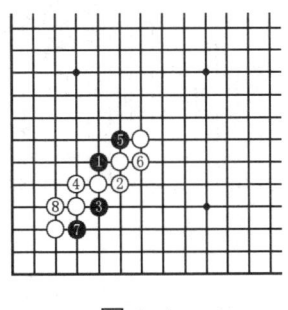

图 3-4 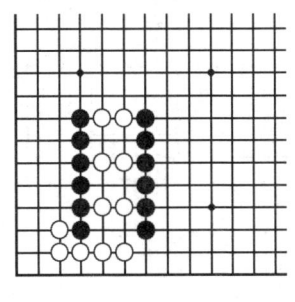　　　　图 3-5

如图 3-5，图中白棋的形状叫"双"，这种形状的棋子是全部连接在一起的。

如图 3-6，黑 1 准备切断白棋时，白棋可以走白 2 接。如果黑先走 2 位，白可以在 1 位接。以下黑 3、白 4、黑 5、白 6，白棋可以全部连接在一起。下黑 1 时，白棋如果不应而走了别处，当然会被黑再走 2 位切断。由于围棋是轮流下子的，这种情况下白棋不会被切断。

下面我们来讨论"判别活棋和死棋"的方法。

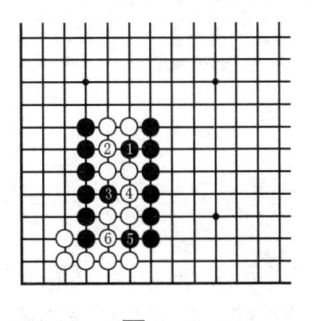

图 3-6 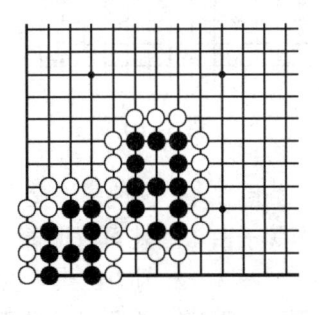　　　　图 3-7

如图 3-7，图中被白棋严密包围住的两块黑棋，因为都分别有了两个眼，所以是典型的活棋。

如图3-8,那么这一块黑棋如何呢?好像和前图一样……

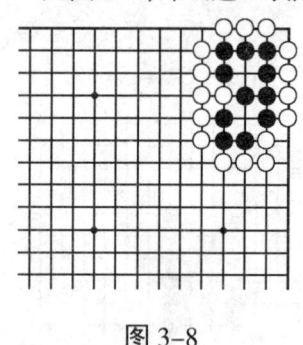

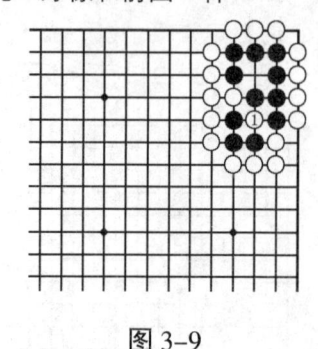

图 3-8　　　　　　　　图 3-9

如图3-9,其实两者大不相同,图3-8的下方三个黑子已经被叫吃,白棋可走1位把三个黑子提掉。

如图3-10,黑三子被提掉后,剩下的一半又被叫吃,所以这整块黑棋都是死棋。

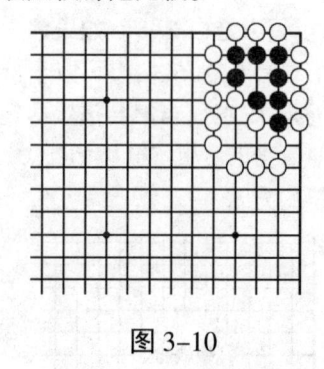

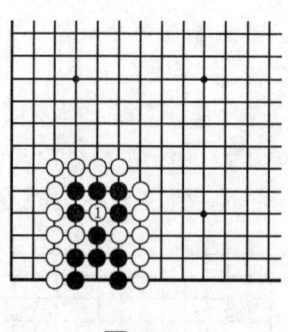

图 3-10　　　　　　　图 3-11

如图3-11,这块黑棋又如何呢?仔细看一下就可以发现上边的五个黑子白1后就可以提掉。

如图3-12,因为白棋可以提掉这五个黑子,所以剩下的一半也活不了。因此这块黑棋也是死棋。为什么同样有两个眼,前边的都是典型活棋而后边的却都是死棋?问题出在"眼"上,仔细区别,眼有真假之分。因此下棋时一定要十分认真才行。

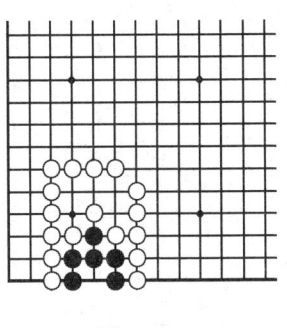

图 3-12 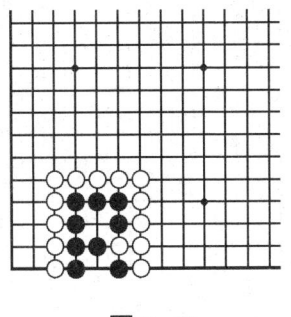　　　　　　　图 3-13

如图 3-13,图中的黑棋是活棋还是死棋呢?虽然上方的一个眼是真眼,但是下方边上的一个眼却是假眼,所以这块黑棋是死棋。也许有人认为这块棋是要打劫的活棋,其实不是,因为劫打胜了粘上,仍是一只眼。

如图 3-14,此形的黑棋也同样是死棋。

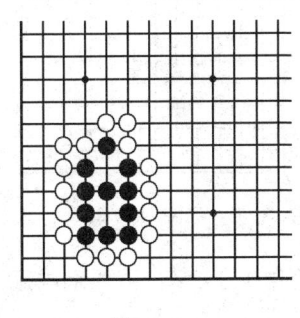

图 3-14 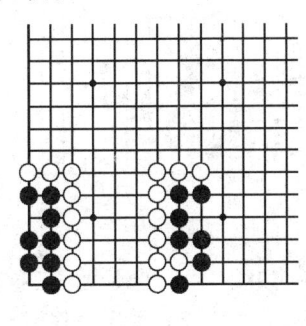　　　　　　　图 3-15

如图 3-15,右边的黑棋是死棋,而左边的黑棋是活棋,大家仔细看看区别在什么地方。

下面说明真眼和假眼的区别。

如图 3-16,判别真眼和假眼,首先要注意眼的四个角落的棋子,也就是有★记号的棋子。如果四角的棋子齐全,这个眼就是真眼(有两个真眼才能活)。

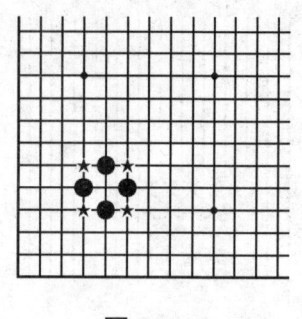

图 3-16 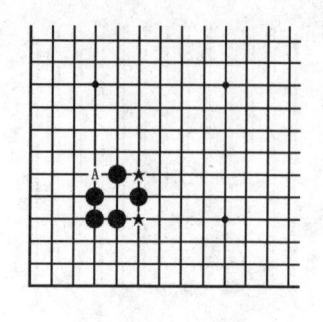   图 3-17

如图 3-17，本图的黑棋虽在 A 位少了一个黑棋，但也不影响眼的真假。换句话说，四角中只少了一个子，仍然是真眼。

如图 3-18，本图是角上少了一个子而成活棋的证明。

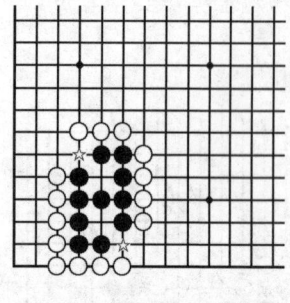

图 3-18 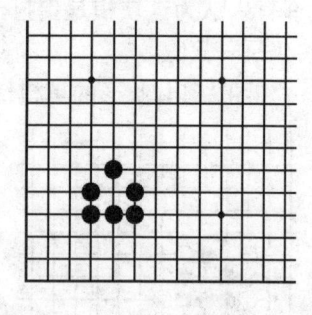   图 3-19

如图 3-19，但是如果四角中有两个角少子，这个就还未确定。

如图 3-20，黑棋眼形两个角被白棋所占，这个眼就成了假眼。

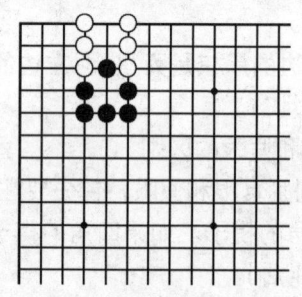

图 3-20

如图 3-21,这个图也是少了两个角上的子,所以也可以变成假眼。

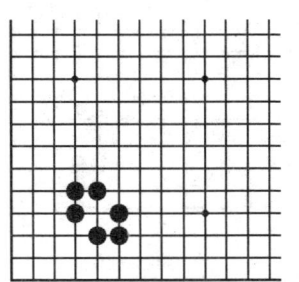

图 3-21

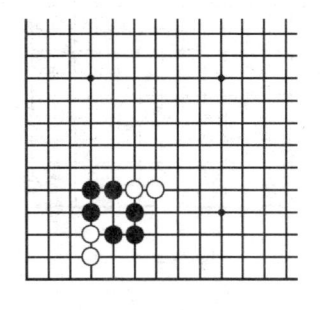

图 3-22

如图 3-22,上图的黑棋在本图中的两角被白棋占去了,所以变成了假眼。下面看看在角上和边上做眼的情况。

如图 3-23,这是边上围成的一个真眼。围成此眼的五个黑子一个也不能少,否则就成了假眼。

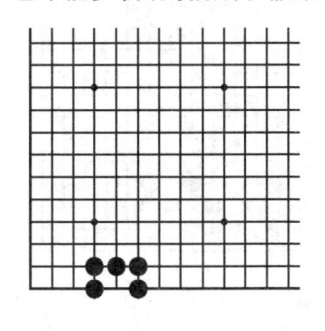

图 3-23

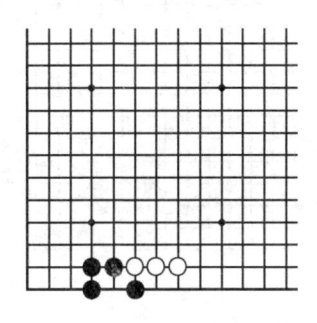

图 3-24

如图 3-24,像本图所示,有一个角不完整,就成了假眼。

如图 3-25,下面黑棋三子在角上围成了一个眼,这三个子一个也不能少,这一看就明白了吧?

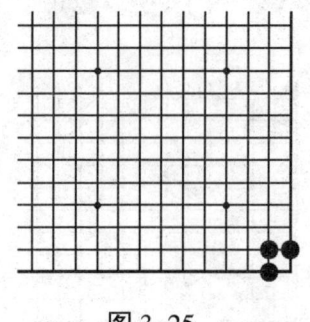

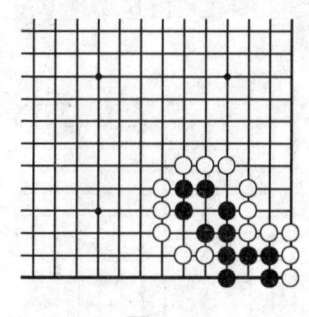

图 3-25   图 3-26

如图 3-26,这块是活棋还是死棋?通常提出这个问题就是说该对方走。也就是说让对方先动手下子,才知这块棋死活是怎么样。现在是轮到白方走。

如图 3-27,答案是黑方活棋。如果白走 1,黑就走 2 位而使上方出现了一个确实的真眼。反过来,白走 2,黑就走 1,情况不变。

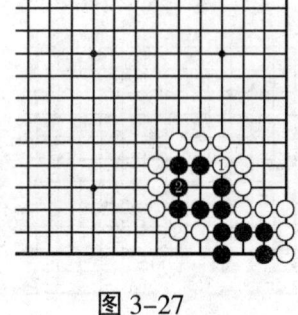

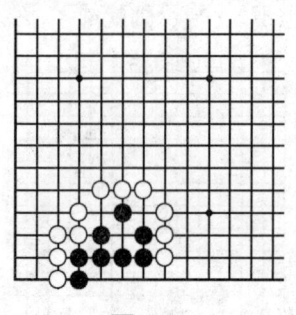

图 3-27   图 3-28

如图 3-28,这块黑棋是死是活?

如图 3-29,是活棋。白 1 时黑 2,白 3 时黑 4,便做成了上下两个眼。白 3 如走了 4 位,那黑就走 3 位,下边仍是一个真眼。

图 3-29　　　　　　　图 3-30

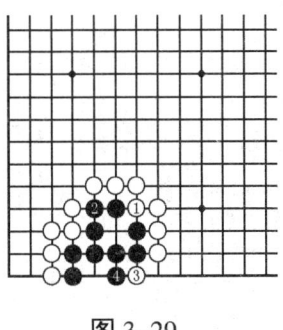

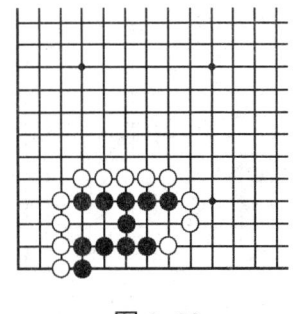

如图 3-30,图中这块黑棋如何？棋形是越来越复杂了。

见图 3-31,这块黑棋暂时还没有两个确定的真眼,但它具备了做成真眼的条件,所以也是活棋。如果白走 1,黑走 2,白 3,黑 4。黑棋轻松地做出了两个眼。

在此 1 和 2 是可以互相抵消的，因为白方无法同时既走 1 又走 2。

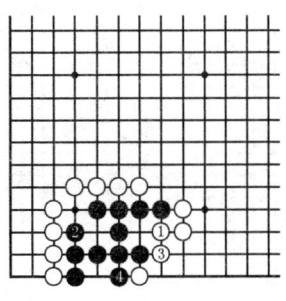

图 3-31

2. 胜棋走险着

如图 3-32,图中的黑棋是全部连在一起的。但是初学下棋的人往往害怕被白棋切断以至……

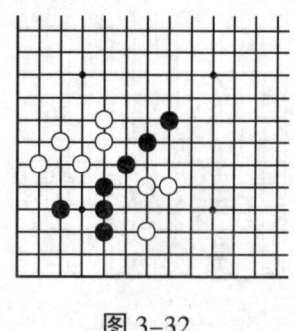

图 3-32 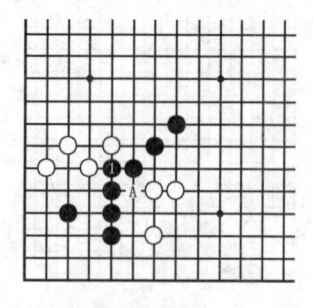　　　　　　　　图 3-33

如图 3-33，走了黑 1 接。觉得这样才保险了。其实黑棋完全可以等白 A 以后再走黑 1 也不迟。如白子下在了 1 位，黑就走 A 位。这种预先支付的做法在围棋上是不足取的，因为每个子都是兵，要把兵力用在最需要的地方。

如图 3-34，这块黑棋是活棋。意思是指不用管它，它也是活的。

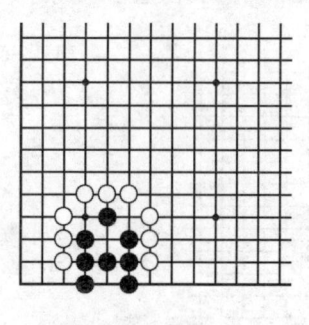

图 3-34 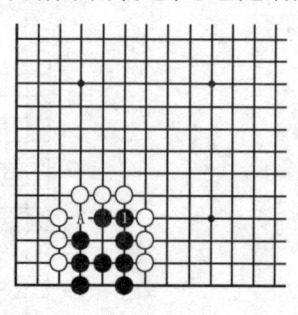　　　　　　　　图 3-35

如图 3-35，可是仍然有初学者怕它两个眼不完备而走黑 1。其实等到白棋走了 A 以后，黑再走 1 也来得及，无须再自动去补一手。这是初学者应注意的。

如图 3-36、图 3-37，这两块黑棋都是各有两眼的活棋。同时两眼都是真眼。图 3-36 的黑棋是在棋盘的中央，图 3-37 两例各有边上和角上。如果数一数就会发现在角上活棋用的子最少，中央用的子最多。

图 3-36

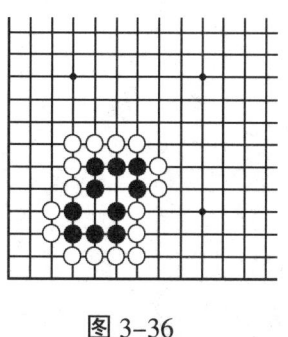

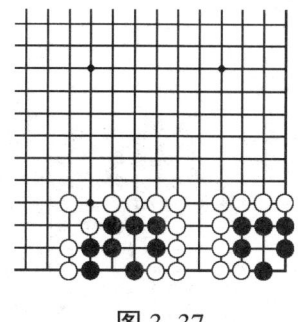

图 3-37

如图 3-38,这块棋是死是活,请仔细看一看。

如图 3-39,再看此图的黑棋,是不是活棋? 如果你认为两图的棋形相同,那观察力还很不够。

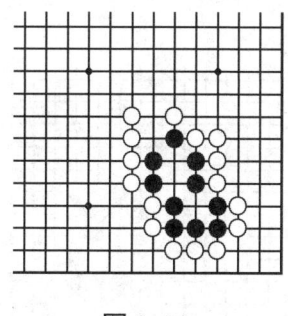

图 3-38

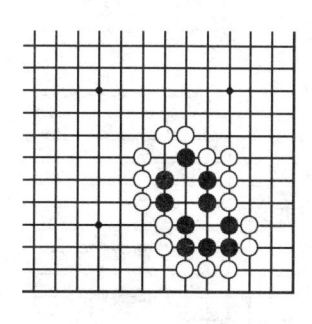

图 3-39

如图 3-40,本图是图 3-38 问题的答案。黑棋是活棋。白 1 时黑可走 2 位,确定了两个真眼。

如图 3-41,这是图 3-39 的答案,而这块黑棋却是死棋。因为有白 1"扑"的妙手,黑 2 非提不可。

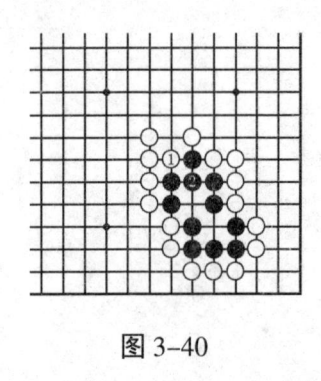

图 3-40 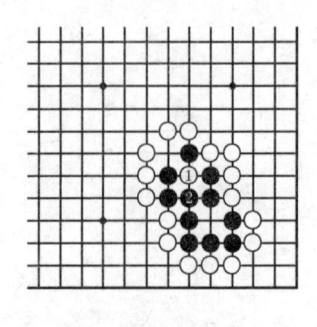　　　　　　　　　图 3-41

如图 3-42,接图 3-41 黑 2 提后,白再走 3 位打吃,使黑棋上方变成假眼。黑棋全部变成死棋。

如图 3-43,既然有"扑"的妙手,那么对图 3-38 黑棋使用白 2 扑行不行?

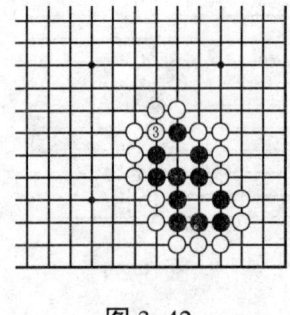

图 3-42 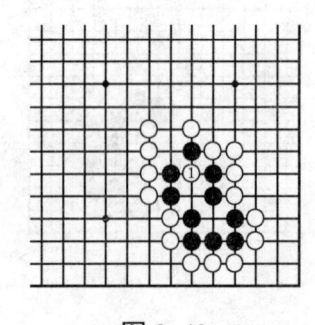　　　　　　　　　图 3-43

如图 3-44,因为图 3-38 与图 3-39 是有区别的,所以不行。白 1 扑时,黑可走 2 位,保证了一只真眼。但是如果黑棋不小心走 A 位去提白子,那就给了白棋机会,白在 2 位打吃,和图 3-42 的结果就一样了。黑棋应当先走在 2 位,等白 B 位打吃时,再走 A 位提白子,就成了两眼活棋。

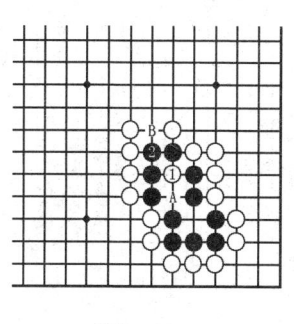

图 3-44 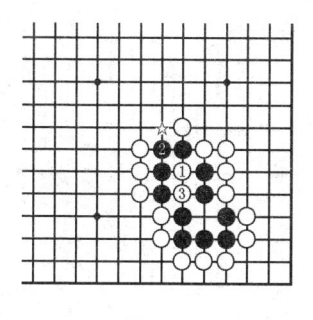　　　　　　　　图 3-45

如图 3-45，图 3-39 的黑棋，被白 1 扑的时候，黑棋能不能在 2 位接呢？显然不行，因为白☆一子堵上了一气，黑 2 后使四个黑子立即处于被叫吃的状态，白 3 可以把四个黑子全提掉。

如图 3-46，由以上的分析可以看出图 3-38 和图 3-39 相似而不相同，关键在于 A 处有没有白子。请再仔细查看一下图 3-38 和图 3-39 的区别，研究一下生与死的关系。

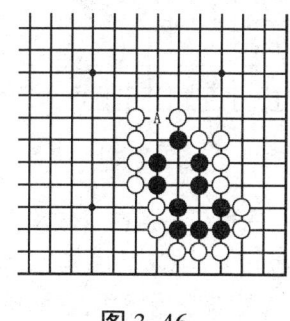

图 3-46 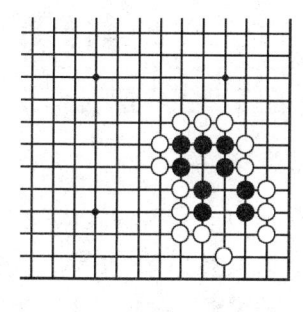　　　　　　　　图 3-47

如图 3-47，这块黑棋是死是活呢？

如图 3-48，如果被白 1 先下手，黑就是死棋。黑如走 A 位打吃白子，反而会被白走 B 位提掉，所以做不成两个眼，而成死棋。

如图 3-49，如果黑 2、白 3、黑 4、白 5，结果黑只剩了一个眼，还是死棋。

图 3-48

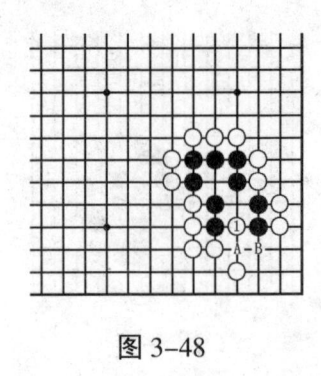

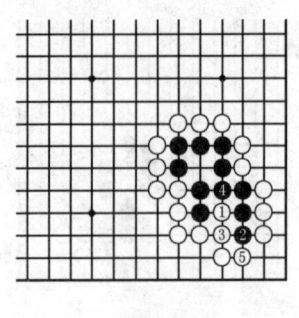

图 3-49

如图 3-50，那么本图的黑棋是死是活？与前图比较本图少了一个白子。

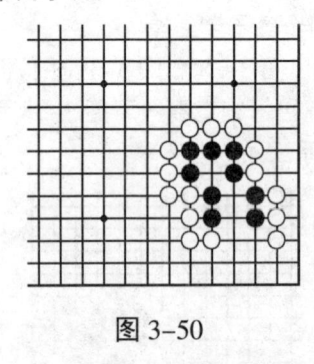

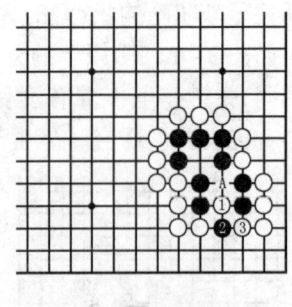

图 3-50

图 3-51

如图 3-51，这种棋形黑棋仍是死棋。白棋仍可用白 1 破黑棋的眼。如果白 1 的位置被黑棋走上，那么黑棋当然就成了活棋。所以白 1 的位置很关键。下一步黑 2 时，白 3 是破眼的好手，黑即使不往外逃去走 A 位提白 1，也做不成两个眼。

如图 3-52，黑 1 若企图向外逃跑，白 2 后就把两个黑子提掉，黑必死无疑。

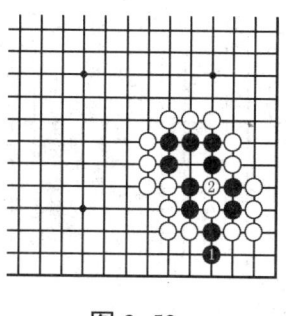

图 3-52

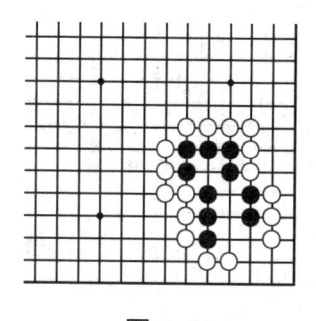

图 3-53

如图 3-53，本图是不是活棋？

如图 3-54，把图 3-54 和图 3-53 比较一下，并找出不同点。

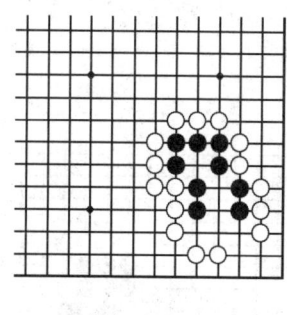

图 3-54

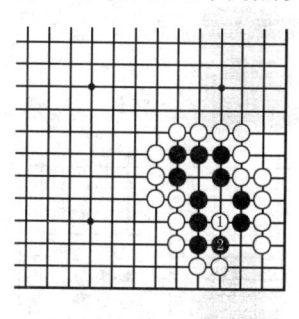

图 3-55

如图 3-55，这是图 3-53 的答案。即使白 1 来进攻，黑棋走 2 位应战就可以成活棋了。

如图 3-56，下一步白 3 仍进攻，黑走 A 位就活了。

图 3-56　　　　　　　　图 3-57

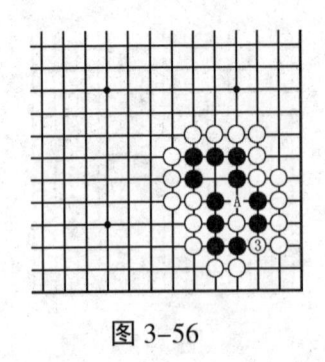

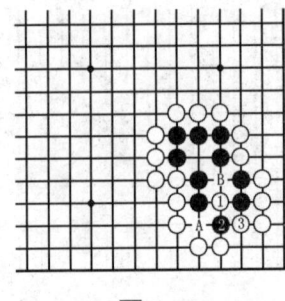

如图 3-57，这是图 3-54 的答案。本图的黑棋是死棋。因为白 1、黑 2、白 3 时黑棋如在 A 位接，白棋可以在 B 位提掉两个黑子。如黑走 B 位，那么白走 A 位，黑仍是假眼，所以是死棋。

如图 3-58，图 3-57 和图 3-58 的差别在于 A 位是白子还是黑子，而决定了是死棋还是活棋。

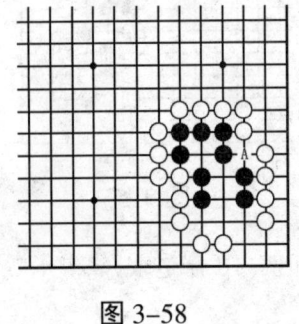

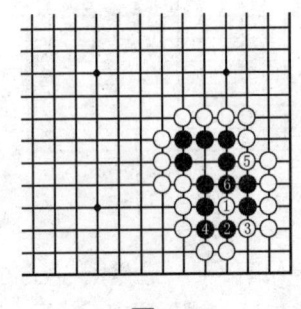

图 3-58　　　　　　　　图 3-59

如果在 A 位既无黑子又无白子的情况又如何？

如图 3-59，答案是活棋。经过白 1、黑 2、白 3 时，右边两个黑子不至于被叫吃，所以黑棋可以走 4 位连接。等白 5 打吃时，黑 6 再提白子也来得及，所以是活棋。

如何判别真眼和假眼，没有一定现成的公式，因为围棋千变万化，绝不要去死记硬背，而要注意培养自己随机应变的本领。

二、点　眼

如图 3-60 所示,这是复习题。上边被黑棋围住的两块白棋都是活棋;下边被白棋围住的两块黑棋都是死棋。仔细看看,所有的黑子都没有做出两只眼,都是死棋。

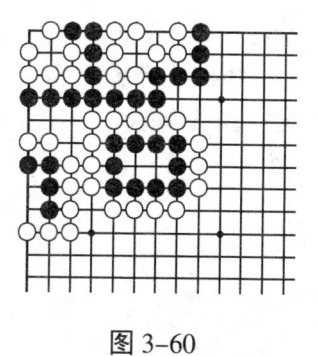

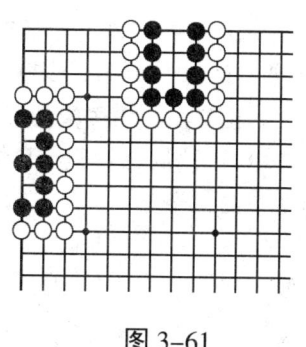

图 3-60　　　　　　图 3-61

如图 3-61,图中表示有两个眼的两种类型。但是其中有块棋处于可以做成两个确定的眼的状态,也就是说在没有确定之前还是有可能发生变化的。有了可能做两个眼的条件是不是就是活棋了呢?

如图 3-62,这是具备做两个眼的条件的其他形状。

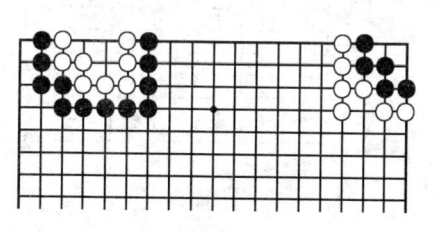

图 3-62

如图 3-63,图中的两块棋,如果轮到黑棋走子,则黑在白 1 位下子,那么两块棋都可以分别活棋。

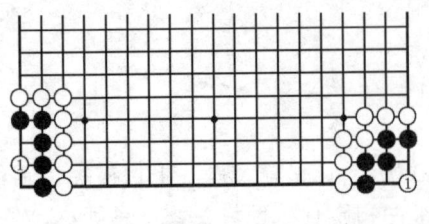

图 3-63

但是,一般讨论这种问题时往往该轮到白棋走,白棋走了白1以后,两块黑棋都分别成了死棋。怎么变成死棋的呢?请看下图。

如图 3-64,如果黑棋在 A 处下子,整块黑棋就会被叫吃而被白走 B 位吃掉,黑棋无计可施。相反白棋却可以走1位叫吃黑棋,黑2提白二子。

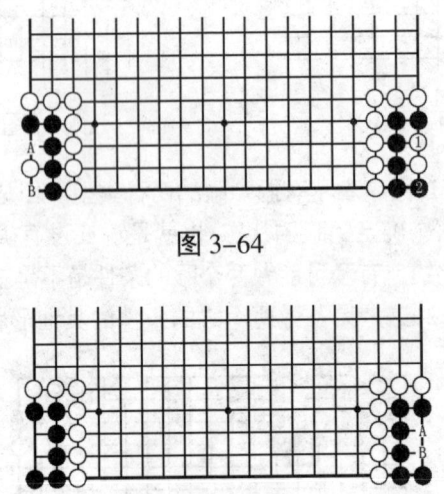

图 3-64

图 3-65

如图 3-65,就只剩下了成直线的两"目"(两个交叉点)。然后如前面讲的,白 A、黑 B 以后只剩下一个眼,成了死棋。如此看来,即使黑棋有三目,但是被白棋在中间放上了一个子,也可以杀死黑棋。像这种破坏对方做眼而投入到对方所围的目中去的走法,被称为"点眼"。原本有三目的眼形,如果被对方在中间点眼,就会变成两目,再下去变成一目眼。所以凡是仅有三目的眼,还不是确定的两个眼,不走上一手就必定是死棋。

参考图 图中的黑棋是叫做"直三"的死棋。黑棋虽然随时可以把三个白子提掉,但马上又会被白棋在☆处点眼,最后变成一个眼而不能活。

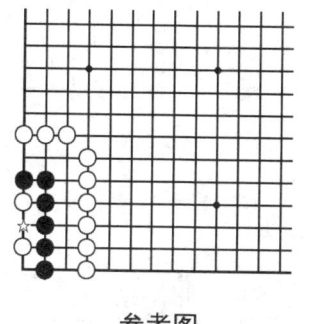

参考图　　　　　　　　　　　图 3-66

如图 3-66,下面来研究一下有四目空地的棋。这是在边角上有四目的黑棋,如果白棋要吃它……

如图 3-67,不论是右边或是左边,只要白 1 点眼,黑就在 2 位应,黑棋总能保持两个眼。因此这块棋是十分确定的活棋。

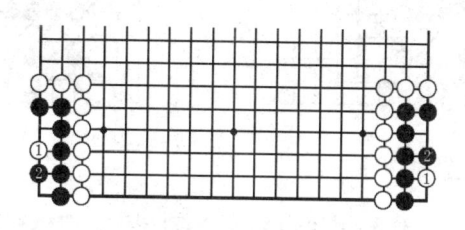

图 3-67

如图 3-68,这个原理在棋盘上任何地方都适用。(四个交叉点成一条直线排列,被称为"直四",三个交叉点成一条直线的称成"直三"。另外还有"曲三"、"曲四"等。)图 3-66、图 3-67、图 3-68 都是直四,所以都是活棋。那么是不是所有有四个交叉点的都是活棋呢?

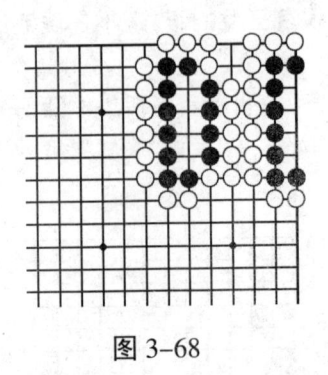

图 3-68 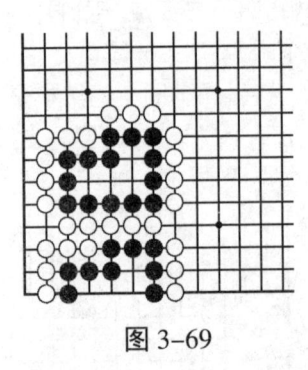   图 3-69

如图 3-69,这是"曲四"的棋形,上边在棋盘中部,下边在棋盘边上。

如图 3-70,如果白走 1 位点眼,黑棋可在 2 位应,都是活棋。

如图 3-71,这也是"曲四"的棋形,是活棋还是死棋呢?

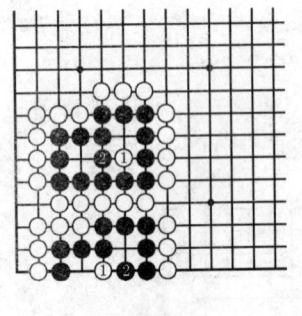

图 3-70 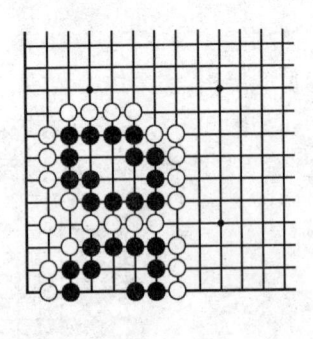   图 3-71

如图 3-72,这种棋形也和图 3-71 相同,白棋在 1 位点眼,黑 2 应后,白不能把黑棋杀死;白若 2 时,则黑走 1 位,因此可以这么记住:曲四的棋是活棋。

如图 3-73,图内四目空的形状像个"丁"字,被称为"丁四"。丁四是活棋还是死棋呢?

图 3-72

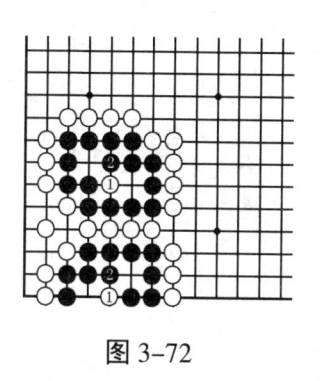

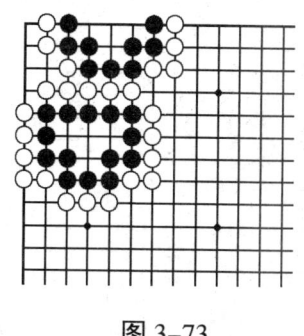

图 3-73

如图 3-74,"丁四"的棋若被白棋在中间 1 位处点上一着,黑棋就无法做出两个眼,同是四目空,"丁四"是死棋。下面看看它被杀的过程。

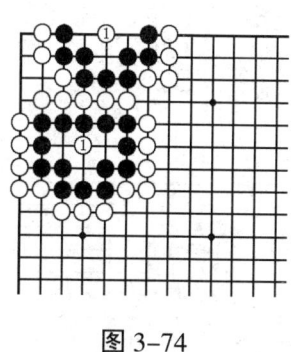

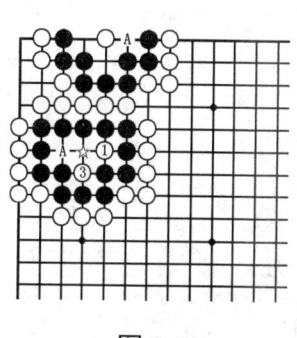

图 3-74

图 3-75

如图 3-75,上边那块黑棋,如黑走在 A 位应,变成了"曲三"恰好被白方点在中间就成了死棋。

下边那块黑棋被白棋点了☆之后,如果黑不应,接着白走 1 和 3 叫吃,逼黑提掉白三子,白再于☆处点,又成死棋。

如图 3-76,这种黑棋的形状被称为"方块四",白棋不去点眼,黑棋也是死棋。

图 3-76　　　　　　　图 3-77

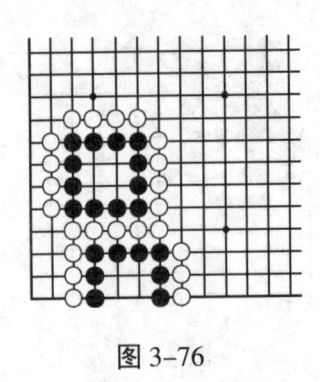

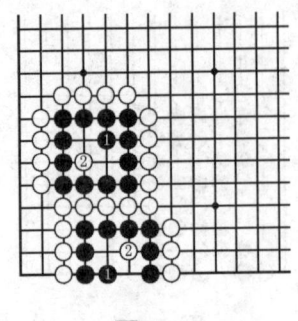

如图 3-77，如果黑棋想走 1 位求活，走了之后变成"曲三"，白棋再点，就成了死棋。要记住：直四、曲四是活棋，直三、曲三、丁四是点一手即死的棋，方块四是死棋。

直四、曲四是活棋，那么自然直五、曲五也都是活棋。就不用细说了。但是，我们并不能说所有的五目空都是活棋。

如图 3-78，如图中的五目空被叫做"刀把五"，它就是死棋。杀死的要点只有一处，请找一找。

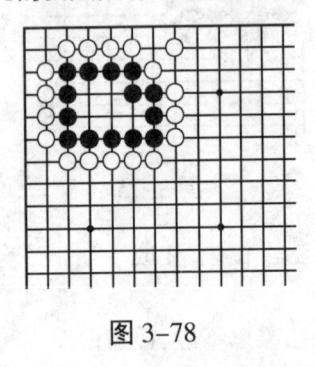

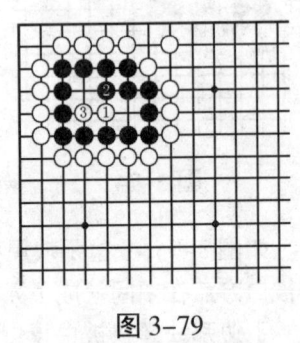

图 3-78　　　　　　　图 3-79

如图 3-79，白 1 是破坏黑棋做眼的要点，黑棋就被杀死了。如果黑走 2 位继续求活，白 3 后黑仍死。黑如走 3 位，则白 2 走位，黑还是无法做出两眼。如果白第一步下在 1 位以外的地方，黑很容易做活。

图 3-80 被称为"梅花五"。如何杀死？可根据"敌方的要点就是我方的要点"的原则去考虑。黑棋走在哪里可能活棋，白方走在哪

里就可以杀死对方。此形中白在 A 位点眼,即可杀死黑棋。

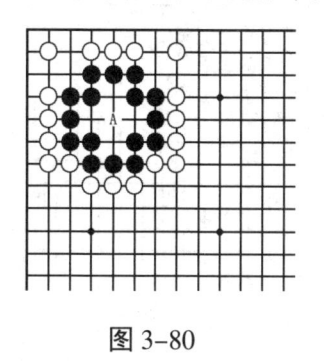

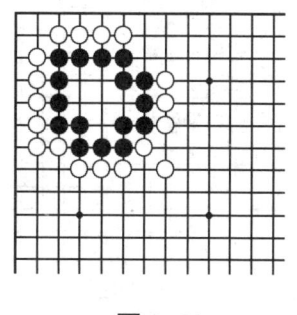

图 3-80　　　　　　　　　　图 3-81

如图 3-81,被称作"花聚六",有相当大的做眼范围,但仍是死棋。

如图 3-82,白 1 点眼之后,如果黑以 2 位应,则白可在 3 位破眼,最后必定可将黑棋杀死。

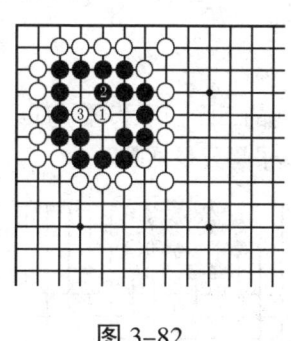

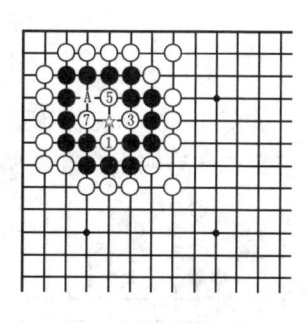

图 3-82　　　　　　　　　　图 3-83

如图 3-83,如果黑棋不应,白棋可走 1、3、5、7 叫吃黑棋,黑走 A 位提白,变成"梅花五"形状,白再点在 ☆ 处,黑仍被杀死。

七目空的眼位不管形状如何,都肯定是活棋。

如图 3-84,这是最理想的七目空棋形的例子。

图 3-84

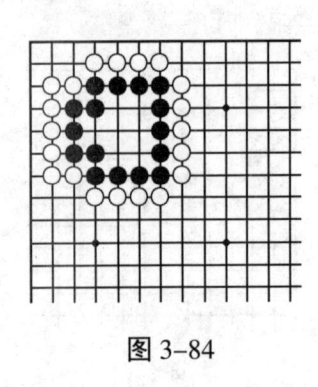

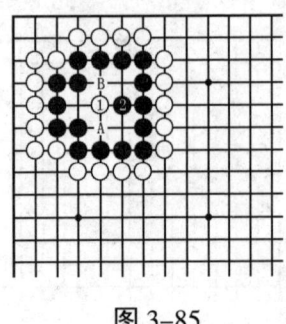

图 3-85

如图 3-85,如果白走 1 位点眼,黑 2 以后,总能在 A 处或 B 处做成一个眼,因此,围有七目就一定可以活棋。

三、攻 杀

如图 3-86,仔细看下面这个图。中间的三个白子和黑子都不和外侧自己一方的相连接。那么这两处棋子是死是活呢?

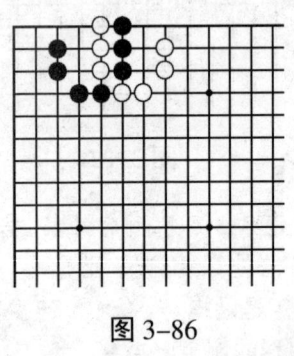

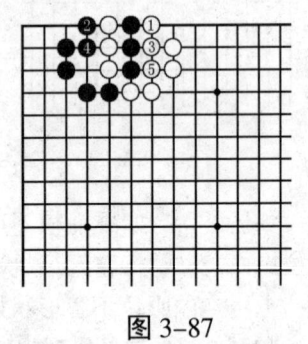

图 3-86

图 3-87

如图 3-87,如果轮到白棋下子,白走 1 位,接着:黑 2,白 3,黑 4,白 5 提掉黑三子。

如图 3-88,相反,如果轮到黑棋走,黑棋走了 1 位以后,到黑 5 提掉白三子。像这种互相企图杀死提掉对方的走法叫"攻杀"。攻杀时每走一步就接近打吃和提掉,术语上称为"紧气"。请再看图3-86,白棋如要提掉黑棋,需要走3步,也就是黑方有三气。黑方要杀白棋,同样白棋也有三气。气一样多的时候,谁先动手谁获胜。

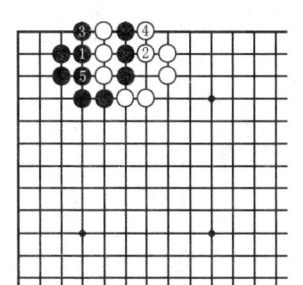

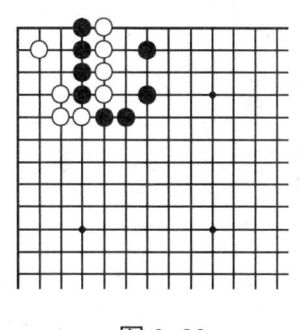

图 3-88　　　　　　　　　图 3-89

如图3-89,这个例子的结果如何呢?算一算双方的气就可以知道了。黑有三气,而白有四气,自然是白胜。

如图3-90,即使黑棋先下手,以黑1围攻,到白6时,黑棋仍是被白棋吃掉。

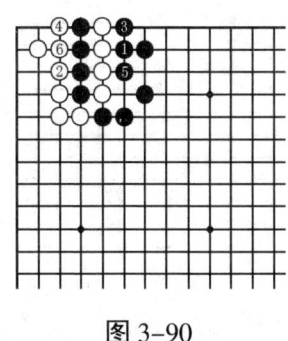

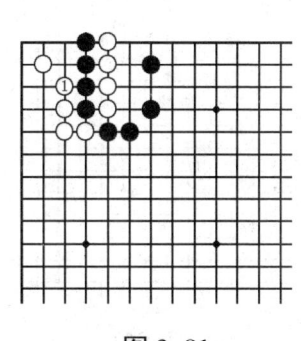

图 3-90　　　　　　　　　图 3-91

如图3-91,在白棋多一气的情况下,白棋仍走1位去紧黑棋的气,就没必要了。因为双方攻杀时,肯定是气多的一方获胜,这点用不着怀疑。

如图3-92,黑白双方都剩下很多气,但计算后就可以看出,黑是九气,白是十气。所以不用走到底,就可以知道,即使是黑棋先动手,也是白棋把黑棋提掉。

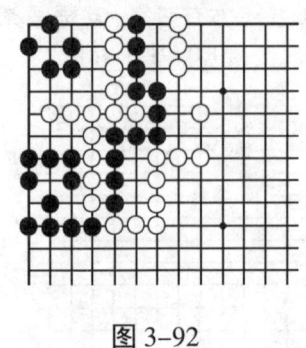

图 3-92　　　　　　　图 3-93

如图 3-93,看一看详细过程,黑 1 到白 18 后,白棋把黑棋提掉了。通过此例,大家应记住:不要以为攻杀时不早点下手,就会被敌方杀死。因为围棋是轮流下子的,所以一定要先仔细计算双方的气数,再决定是否攻杀。

如图 3-94,计算气数是有一定技巧的,不能只看表面现象。如图,直接去数黑白都是各有两气,好像应该是先下手的一方获胜。

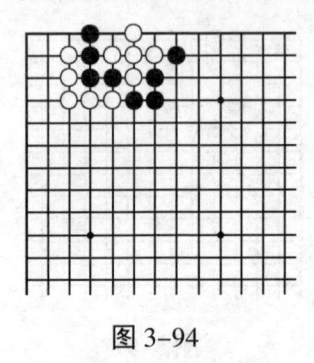

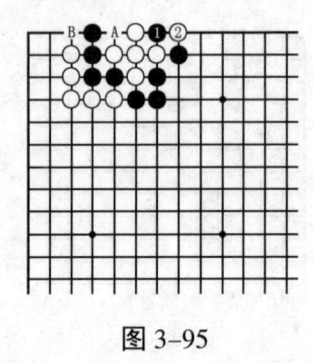

图 3-94　　　　　　　图 3-95

如图 3-95,黑棋如走 A 位,就会被白走 B 位提掉。所以黑棋不能从 A 位下,但是如果黑走 1 位,被白 2 提掉,白气反而更多。

如图 3-96,这么一来,黑棋只能先走 1 位,不能直接去紧气。经过白 2、黑 3、白 4 后黑棋仍被白棋提掉,因为黑棋不能直接去紧白棋的气,等于白多了一气。

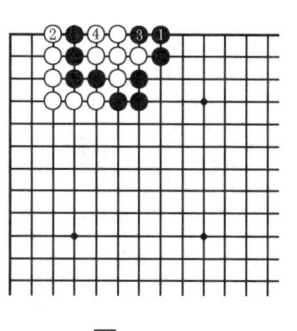

图 3-96

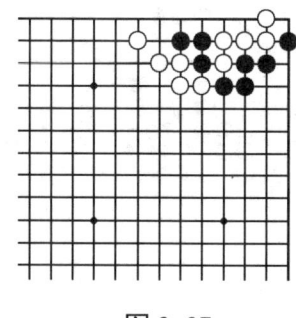

图 3-97

如图 3-97,黑白双方从表面看都是三气,似乎黑棋如先下子就可以获胜。但是……

如图 3-98,黑 1 紧气,白 2 自然也紧气。下一步,如果黑棋走 A 位,就会被白走 B 位提掉,如改走 C 位,白从 D 位提掉黑棋。

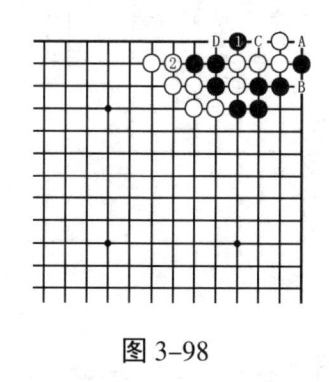

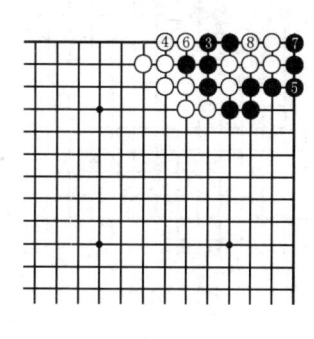

图 3-98

图 3-99

如图 3-99,黑棋只有走 3 位接,白棋 4 位立,此时黑不走 5 位,就无法走 7 位紧气,所以慢了一步,被白 8 把黑棋全部提掉。

如图 3-100,黑白双方都只剩下两气,但白棋不能直接在 A 或 C 位紧气,这样自然等于黑棋多一气,因而黑胜。

如图 3-101,这块白棋有四气,黑棋有三气,黑白又都没有不能直接紧气的地方,按前面讲的应该是白必胜无疑,但是如果白棋走得不对,结果也就不同……

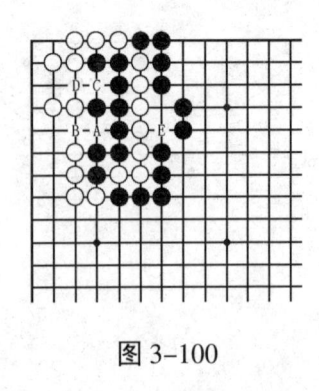

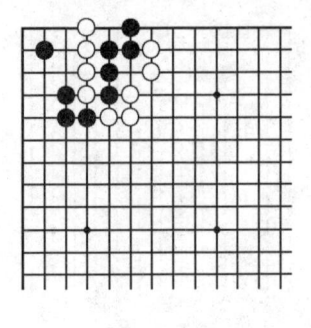

图 3-100   图 3-101

如图 3-102,黑 1 时,白若走 2,那么黑 3、白 4、黑 5 以后,却是黑棋胜,原因在于白紧气时走了白 2 的错棋。气分为公气和外气,紧气的时候是有讲究的。

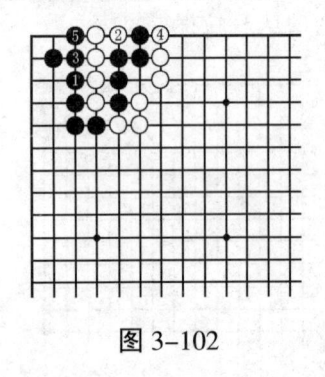

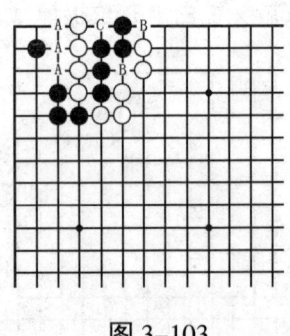

图 3-102   图 3-103

如图 3-103,先看一下图 3-101,再看本图,A 是白棋的外气,B 是黑棋的外气,而 C 处是双方公有的气。

如图 3-104,黑 1 紧白外气时,白 2 不应按图 3-102 去紧公气,而应如本图走 2 位紧黑的外气。黑 3、白 4 再各紧外气,等黑 5 时,白再走 6 位不迟,便可获胜。此例说明:攻杀时一定要先紧对方的外气。

图 3-104

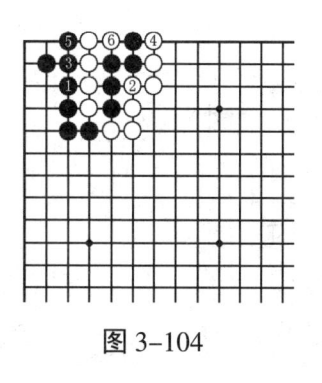

四、有眼杀无眼

如图 3-105，这也是攻杀的例子。先计算双方的气，黑棋的气较好计算，有四气。白棋的气表面看是三气。

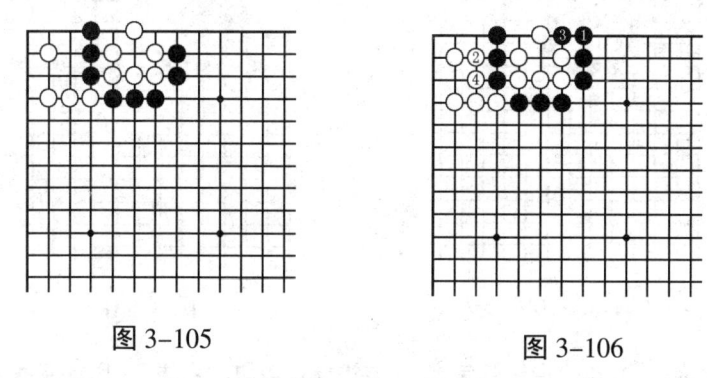

图 3-105　　　　图 3-106

如图 3-106，因为黑棋不能直接在 3 位紧气，必须先下黑 1，这样白棋就应算作四气。黑白都是四气，现在轮黑棋走，按理应黑胜，但是当下到白 4 时……

如图 3-107，黑棋如下 A 位，便会被白棋走 B 位提掉，这是怎么回事呢？

图 3-107

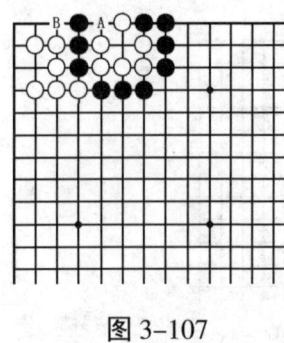

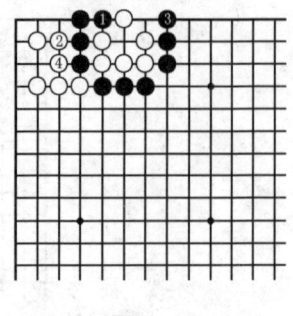

图 3-108

如图 3-108,黑棋如果先走 1 位的公气如何呢?经过白 2、黑 3、白 4 后仍是黑棋失败。原因是白棋有一个眼,而黑棋没有眼,成了"瞎子",所以有"有眼杀无眼"的说法。

如图 3-109,假定白棋没有眼,而且改由白棋先紧气,情况如何呢?

图 3-109

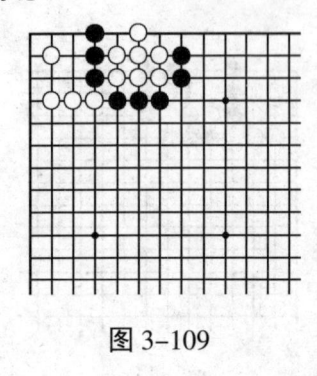

图 3-110

如图 3-110,白 1 紧气,黑 2 直接就可以打吃白棋了。即使黑 2 不走公气,改由外边紧白棋的气,如黑 A、白 B、黑 C,白棋也同样失败。

如图 3-111,此例黑有六气,而白有五气,按没有眼的情况,即使是白棋先紧气,也应是黑胜。

如图 3-112,但是由于白方有了眼,即使由黑方先紧气,黑 1、白 2、黑 3、往下白 4、黑 5、白 6……

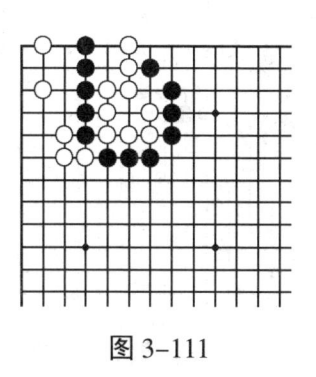

图 3-111 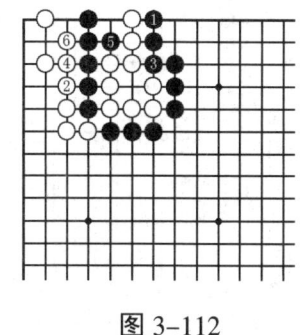　　　　　　　　图 3-112

如图 3-113,演变成这时的情形。如果黑棋继续 A 紧白气,反而被白走 B 位把黑棋提掉了。原因就在于白棋有眼。

如图 3-114,此图黑有五气,白有四气,但此图不同于前图的地方是双方没有公气。在没有公气的情况下"有眼杀无眼"还能否成立?

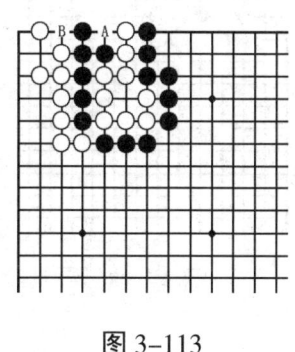

图 3-113 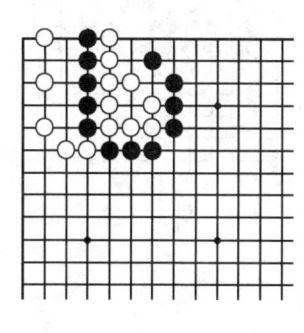　　　　　　　　图 3-114

如图 3-115,白 1 先紧气,到黑 8 是黑胜了。图 3-111 的例子是黑方先紧气,而白方获胜,这张图又是怎么回事呢?原因是双方一方有眼一方无眼,有公气的话,眼起作用,公气全部计算为有眼方的气,就常产生"有眼杀无眼"的情形。而本图双方无公气,外气黑比白多两气,因而黑虽无眼还是杀了白棋。

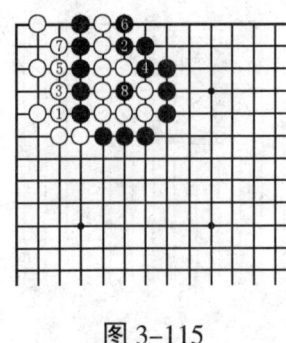

图 3-115

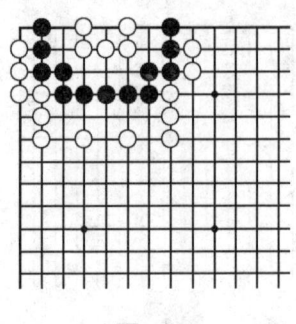

图 3-116

如图 3-116、图 3-117，初看白有八气、黑有十四气。若把公气全算成有眼一方，黑只有七气。即使黑先走 1 位紧气，到白 12，黑仍差一气。

图 3-117

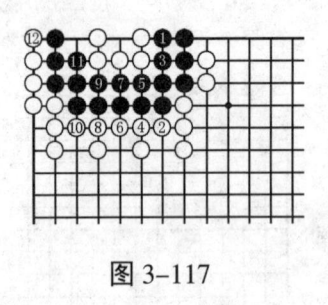

图 3-118

五、双 活

如图 3-118，双方下到这种攻杀的场面时，按说轮谁下都没有太大的出入。假定轮黑走。

如图 3-119、图 3-120，如果黑棋违背紧气的原则，走 1 位先紧公气，就会被白走 2 位打吃了。如轮到白棋走，白也不能先去紧公气，白 1 以后被黑棋打吃了。

图 3-119　　　　　　　　图 3-120

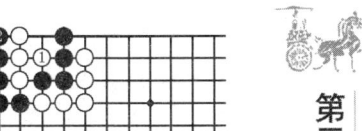

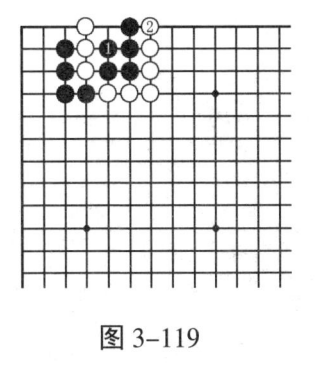

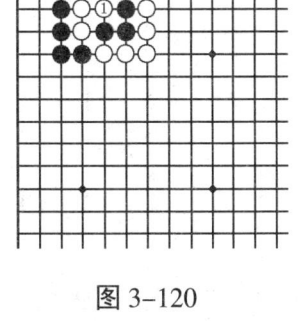

如图 3-121,轮黑下子,黑 1 先紧白外气,接着白 2 也紧黑的外气。

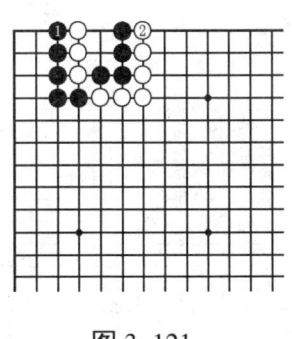

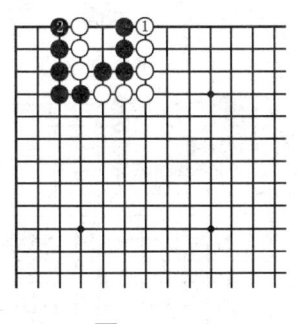

图 3-121　　　　　　　　图 3-122

如图 3-122,轮白下子,如图,白只有先紧黑外气,黑也只有紧白外气,这是唯一的选择,结果和前图相同。

如图 3-123,双方到了这种时候,任何一方先走 A 都会被对方走 B 位把先走的一方提掉,所以谁也不会先走。这种谁也无法吃掉谁的情形称为"双活"。双活是没有两个眼而成为活棋的特例。无眼双活的基本条件是必须有两口以上的公气。那么属于公气的这两个交叉点算是谁占领的呢?我国的围棋规则规定是双方每人一个。

图 3-123

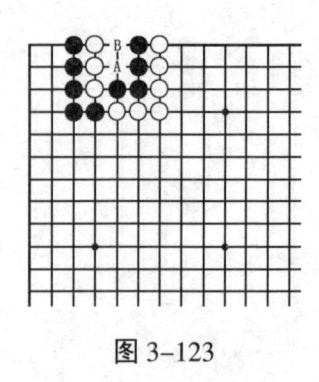

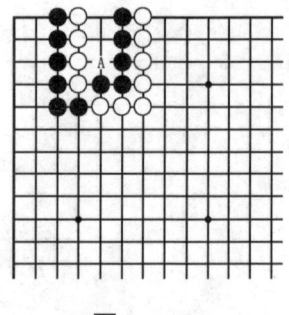

图 3-124

如图 3-124，有三口公气也是双活。A 点随便被哪一方走上就属哪方占有，剩下的两口公气的交叉点一人一个。

如图 3-125，如果双方都有眼，那么有一口公气就可以双活。公气交叉点一人算占半个。

图 3-125

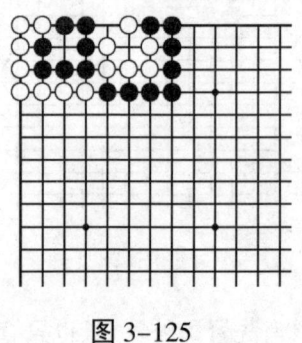

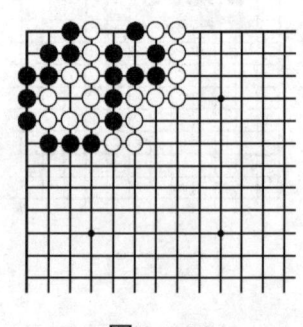

图 3-126

如图 3-126，这也是有眼双活的例子。如一方有眼，一方没有眼，就不会是双活，而是有眼杀无眼了。

参考图 1　这是极特殊的例子，称为"三活"。

参考图 2　"有眼杀无眼"也是有条件的，当有眼方连公气加起来仍比不上无眼一方的外气时，无眼的一方也可以取胜。如图就属这种情况。

参考图 1　　　　　　　　参考图 2

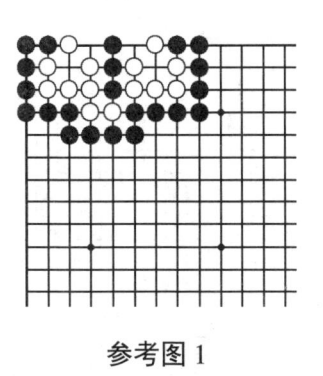

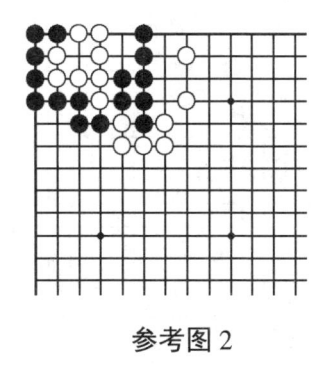

参考图 3　从白 1 紧气至黑 6,虽然白有眼,但也被黑吃掉了。如图 3-127,这是双活的情形。

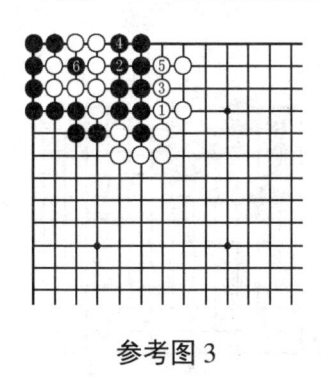

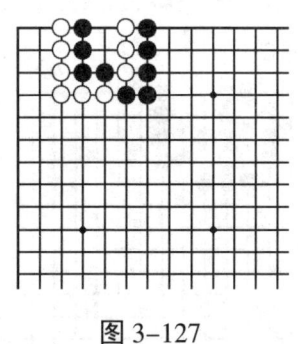

参考图 3　　　　　　　　图 3-127

如图 3-128,如果外侧的棋子又被另外的白棋围住了……

如图 3-129,外侧的黑棋于白 1 后被提掉,里面黑四子的双活也就不存在了。

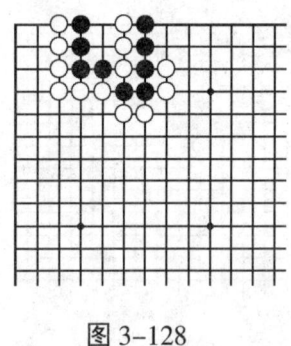

图 3-128　　　　　　　　图 3-129

如图 3-130,这种情况也可以使双活的白☆三子变成死棋。

如图 3-131,白外侧被提掉以后,原先双活时的白棋也成了死棋。这种情况称为"双活消失"。因此双活之后也不能大意,外侧的棋要保持活棋才行。

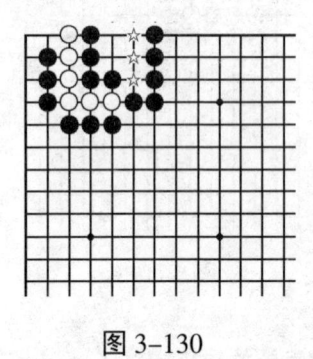

图 3-130　　　　　　　　图 3-131

如图 3-132 所示的双活,在任何时候也不会消失。
如图 3-133,这里本是双活的棋。

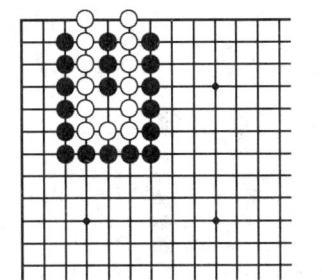

图 3-132

图 3-133

如图 3-134,白 1 太贪心要吃黑三子。

如图 3-135,等到白棋外面的气全被紧掉以后,不得不 A 位提掉黑三子。但结果成了"直三"……

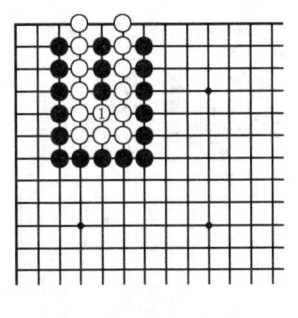

图 3-134

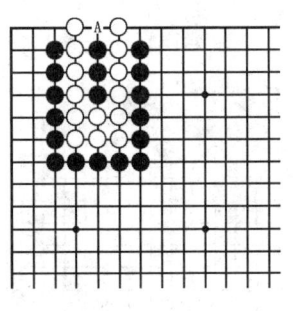

图 3-135

如图 3-136,反而被黑走 1 位点死。

如图 3-137,如果黑棋双活以后又企图得寸进尺,反而让白提掉。

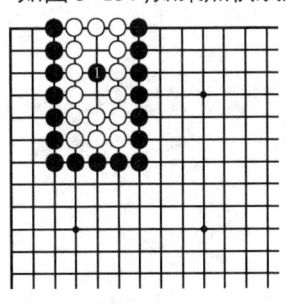

图 3-136

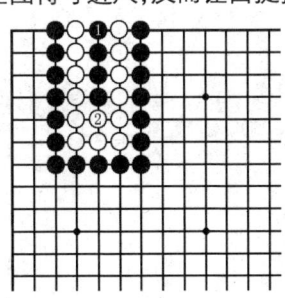

图 3-137

如图 3-138,结果让白成了"直四"活棋,黑四子却死了。

如图 3-139,这也是双活的一个类型。

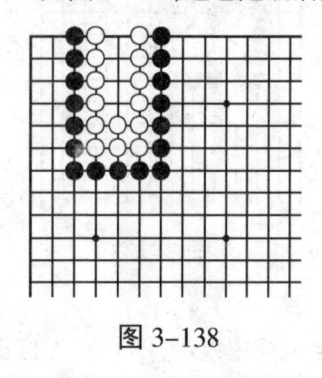

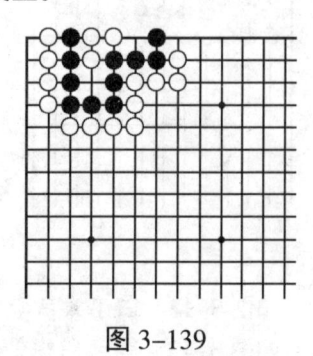

图 3-138

图 3-139

如图 3-140,结果和前图相同,也是双活。

如图 3-141,这里也是白三子在中间弯着,但此图是不是双活呢?

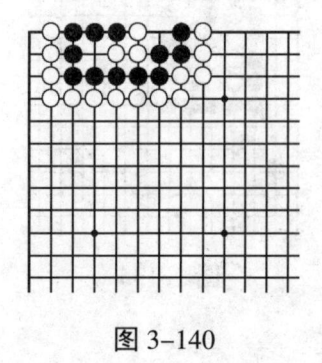

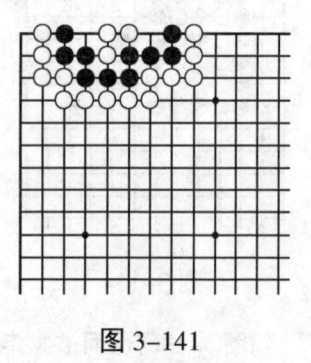

图 3-140

图 3-141

如图 3-142,如果白 1 这么走,那么黑棋提掉白四子后成了"曲四"活棋。

如图 3-143,这种棋形白棋是无计可施的,但是图 3-141 白 1 如换一个方向走呢?

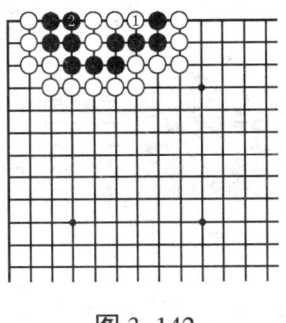

图 3-142 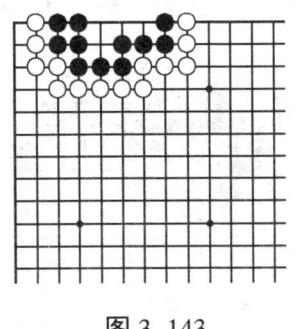　　　　　　　图 3-143

如图 3-144,像这样白 1 打吃黑棋,虽然也是被黑 2 提掉四个子……

如图 3-145,结果成了"丁四",白 3 在"丁四"中间点眼杀黑棋。

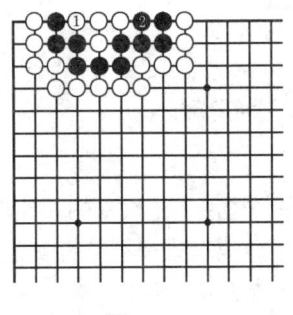

图 3-144 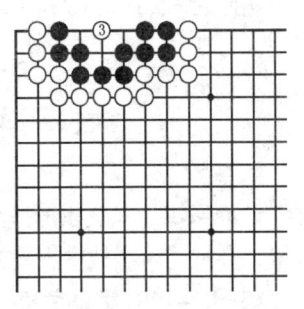　　　　　　　图 3-145

如图 3-146,这是在棋盘中央所成的双活。

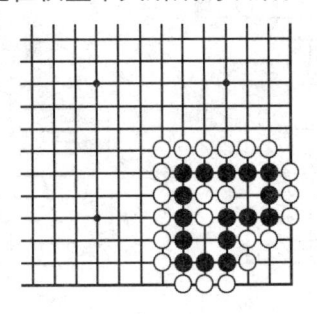

图 3-146

如图 3-147，这也是双活，但是黑棋在空着的三气中，哪个也不能去占。

图 3-147

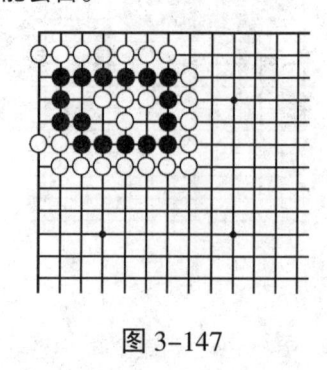

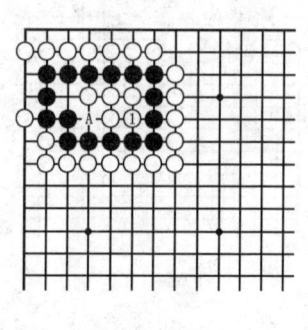

图 3-148

如图 3-148，白棋走了白 1 以后，黑仍不能走，黑若忍不住去走 A 位叫吃白棋，提掉白五子后反成了"刀把五"死棋。

六、实战中活棋的情形

前面所讲的一些棋形是为了说明某种道理所制造出来的，所以就显得整齐规范。实战中出现的情况就不同了，常有省掉不走的情况。

如图 3-149，黑是活棋。

如图 3-150，走了白 1、黑 2 以后，就像前面所讲过的有了确定的两眼，但在实战中往往更像图 3-149，白 1、黑 2 常省略不走。

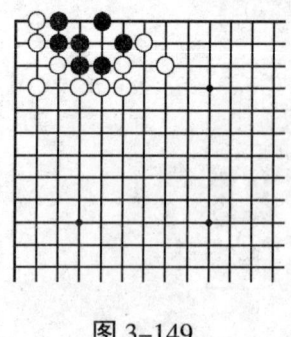

图 3-149

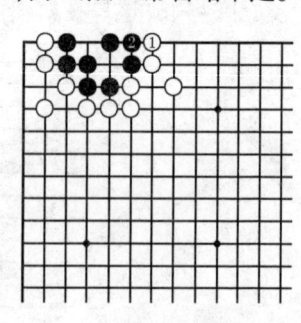

图 3-150

如图 3-151,假如白 1 来打吃,黑 2 提掉,白 3 再打,黑在白 1 位接上,黑仍是活棋。可见白 1 位是活棋要点,虽不急着走,也是活棋。

如图 3-152,白也是活棋。

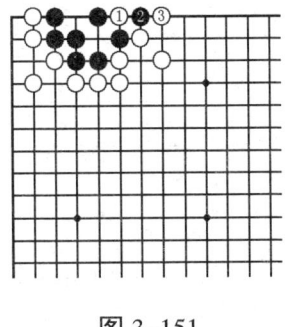

图 3-151 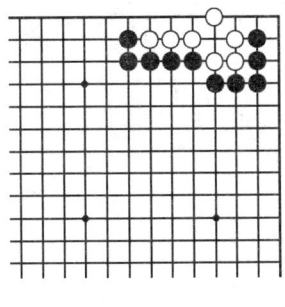　　　　　　　图 3-152

如图 3-153,如果黑 1 来攻,经过白 2、黑 3、白 4 后,白就成了确定的活棋。

如图 3-154,如黑棋换如图的方法来杀白棋,白棋只要用本图的走法来应对,就仍是活棋。

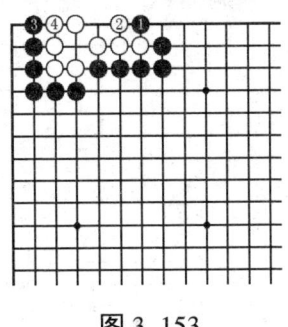

图 3-153 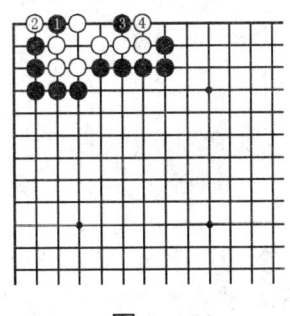　　　　　　　图 3-154

如图 3-155,这块黑棋被白棋团团围住,虽然不处于被打吃的状态,但它不具备双活的条件,而只有一个大眼,所以是块死棋。

如图 3-156,如果黑 1 想切断白一子再做另外一眼,白 2 连接上就行了。那么对这块黑棋,白棋还要不要紧气直至提掉它呢?

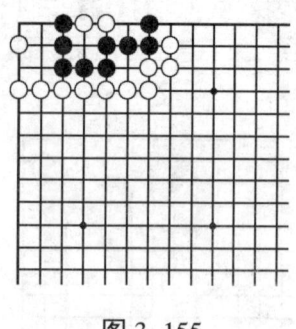

图 3-155 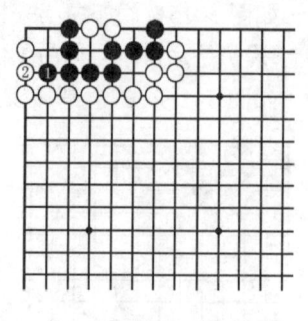   图 3-156

如图 3-157,实战中,白方完全可以把紧气的棋省略不走,等到终局数棋时,把它们作为死子从棋盘上拿掉就行了。

如图 3-158,就是终局时把黑死子拿掉后的情形。接下去就可以数棋计算胜负了。

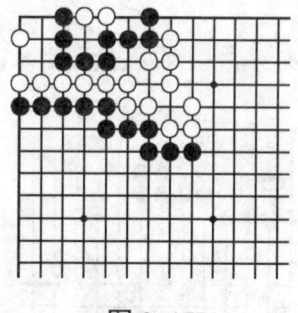

图 3-157 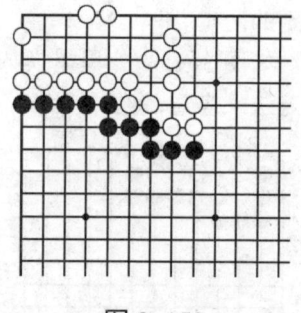   图 3-158

如图 3-159,散布在白地中的黑子和散布在黑地中的白子都是既逃不掉又做不活的死子。实战时 A、B、C 等处都可省略不走,不用去提掉它们。

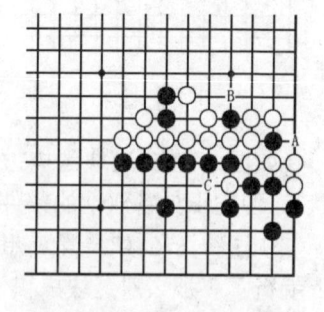

图 3-159

七、围杀棋子的技巧

1. 征

如图 3-160,这是围住白子两气的状态,轮到黑棋走。黑 1 打吃,如能再走一步 A 就可以提掉白子了。可惜不能连走两步。

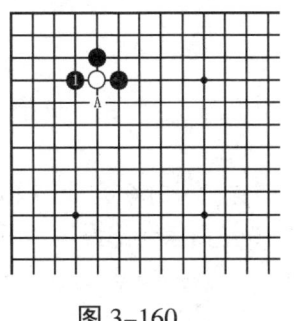

图 3-160 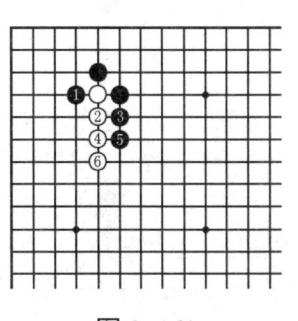　　　　　图 3-161

如图 3-161,当黑 1 打吃时,白 2 当然逃出,黑 3、5 继续追击,白 2、4、6 顺利逃跑。但如果……

如图 3-162,黑棋走对的话就可以吃住白子。

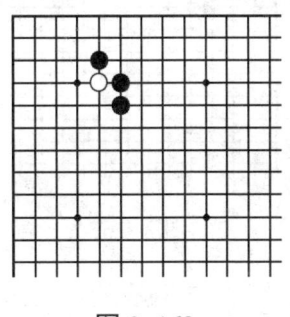

图 3-162 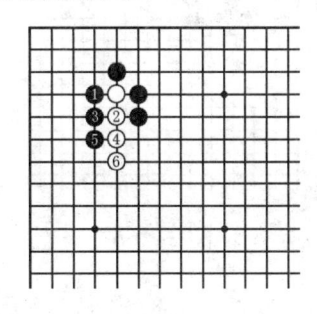　　　　　图 3-163

如图 3-163,黑 1 打吃是对的,白 2 逃出后,黑 3 的走法有问题,让白4、6以后逃脱了。黑3应走……

如图3-164,黑3应从这个方向来打吃白棋。

图 3-164

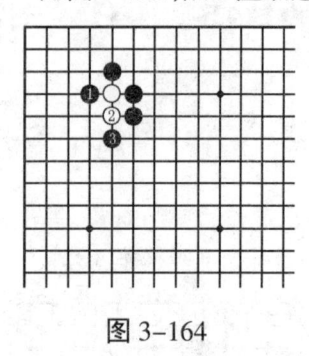

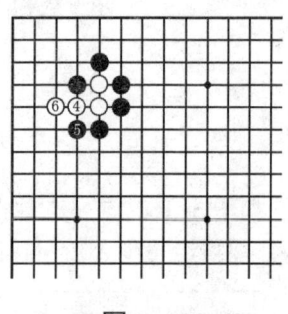

图 3-165

如图3-165,白棋只有走4位,下一步黑5又错,白6逃掉了,那该怎么办呢?

如图3-166,黑5应转过去往如图方向打吃,白6逃,黑7再转到这边来,上边一下,下边一下,直到黑17把白棋全部提掉。因为黑棋要扭来扭去的走,所以这种追击的走法俗称"扭羊头",正式的术语叫"征"。

如图3-167,此图的样子,黑棋也可以用"征"的方法把白子吃掉。

图 3-166

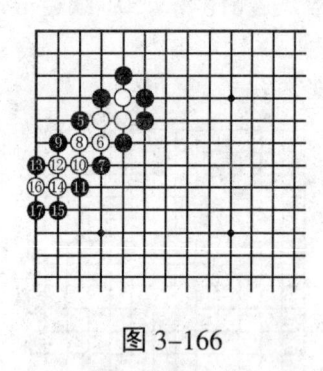

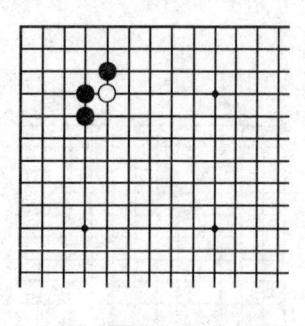

图 3-167

如图3-168,黑1、3、5已把白棋扭住了,走到底就可以把白棋提掉。

图 3-168　　　　　　　　图 3-169

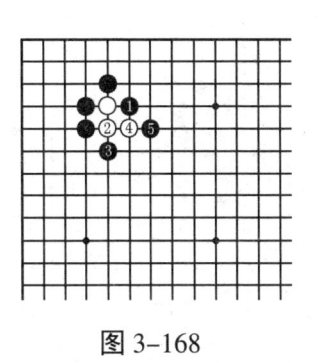

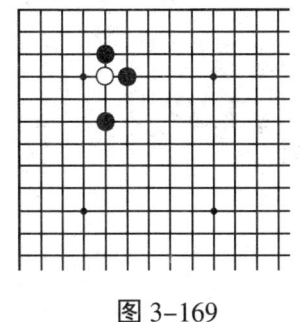

如图 3-169,那么这种棋形如何呢?能不能用征吃的方法?完全同前图,用"征吃"的方法是没问题的,但是……

图 3-170 和图 3-162 的唯一差别是在征子的前方有一个白子,虽只多了一个子,但征杀的结果却大不相同。

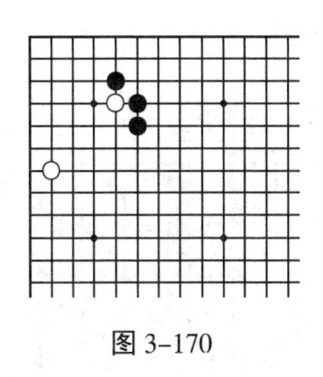

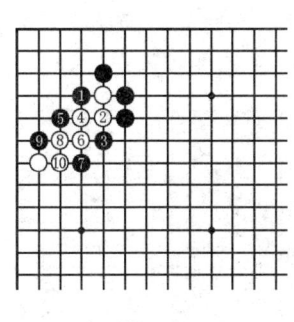

图 3-170　　　　　　　　图 3-171

如图 3-171,黑棋无视征子前方有个白子的情况,仍以 1、3、5、7 去征吃,白 2、4、6、8 逃出,到黑 9,白 10 和原有的白子连接到了一起,多出了好几气,使黑棋的棋形崩溃。而且还要受到很大的损失,难以收拾。

如图 3-172,黑 11 继续企图围杀白棋,没有立刻叫吃,白 12 反而同时叫吃黑棋两子……

图 3-172

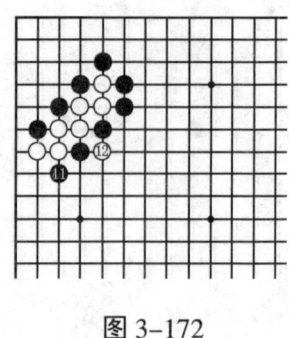

图 3-173

如图 3-173,黑 13 这边接,白 14 提上边的黑子。

如图 3-174,黑 13 接上边,白 14 提下边子。这种同时叫吃对方两处棋子的情况,称为"双叫吃"。征子不成功时,后果是很难办的。因此,无论逃跑的一方,还是追杀的一方都要小心谨慎,前方无子接应,逃跑的一方绝对不能逃;前方有子接应,征吃的一方绝对不能追。这要牢牢记住。

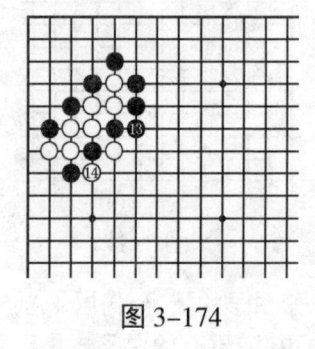

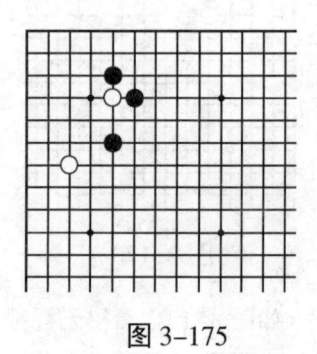

图 3-174

图 3-175

如图 3-175,在这种情况下……

如图 3-176,黑 1 征吃白棋,白 2 逃跑。黑 3 如从白 4 位打吃,白棋就可逃出与前方的白子连接上,演变成图 3-171 的情况。但是黑 3 的选择正确,白棋就逃不掉了。因为白棋忽视了黑方有两种方向打吃的选择,所以白棋失败了。

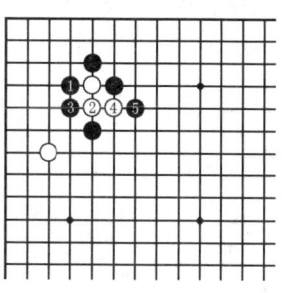

图 3-176

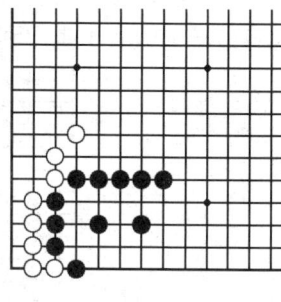

如图 3-177,这种棋形如果黑棋不补……

如图 3-178,就会被白 1 叫吃,虽然黑 2 可以逃……

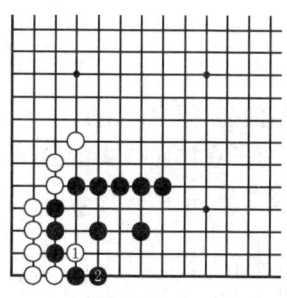

图 3-178

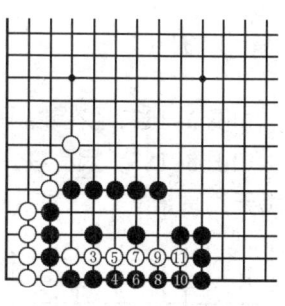

图 3-179

如图 3-179,但白棋可以 3、5、7、9、11 一直追杀到底,把黑棋提掉,这也是一种吃法。

如图 3-180,那么在如图的情况下直线征子能否成立?

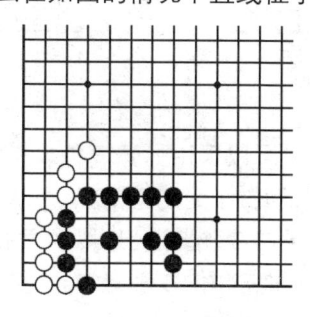

图 3-180

如图3-181,白棋1、3、5、7追击,而黑棋逃到黑8时就得救了。因为直线子前边有子也起到了接应的作用。

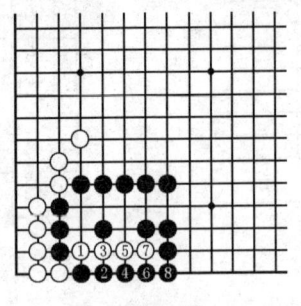

图 3-181

2. 枷或封

如图3-182,现在轮到黑棋下,请想办法吃掉中间的白☆一子。

如图3-183,因为在左下角有三个白子在接应中央的白子,所以黑无论是走A位还是B位都无法征掉白子,那还有什么办法吗?

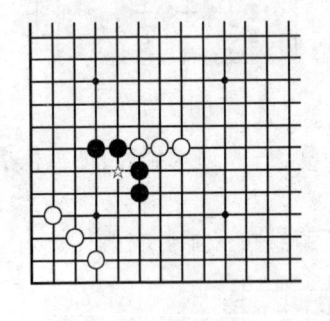

图 3-182

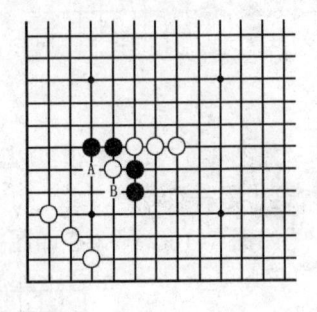

图 3-183

如图3-184,这时可以采用另外一种攻杀的方法,黑1的走法叫"枷",俗称"门吃",使白子无法逃跑。

如图3-185,如果白2硬要逃出,黑3之后就使白棋的希望彻底破灭。"枷"也是一种常用的攻杀方法。

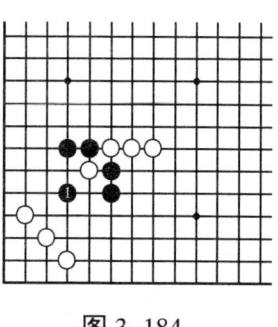

图 3-184 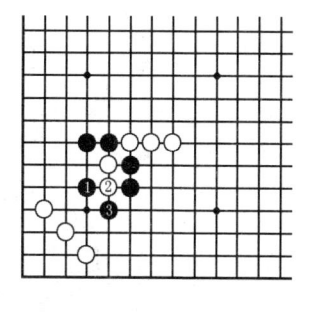   图 3-185

如图 3-186,"枷"的方法在本图中也可以使用。

如图 3-187,走了黑 1 以后,就可以稳稳当当地逮住两个白子。如果白棋仍想逃呢?

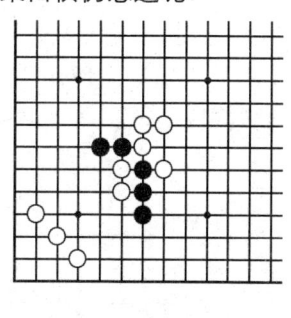

图 3-186 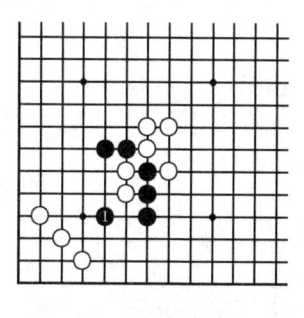   图 3-187

如图 3-188,白棋想从 2 位逃,黑 3 阻挡,白 4 硬冲,黑 5 拦截,白棋再没什么办法了。

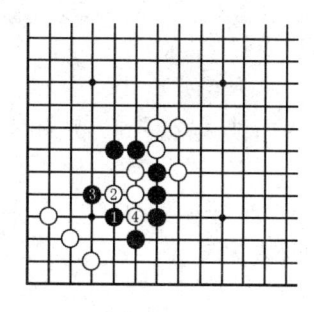

图 3-188

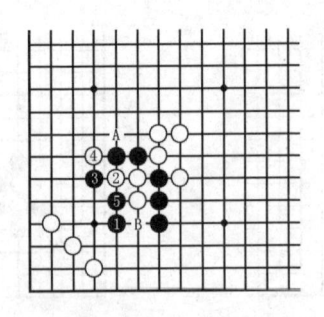

图 3-189

如图 3-189,如果白从这边出逃,黑 3 仍不放松,白 4 断,黑 5 打吃,白如 A 位打吃黑棋,黑棋在 B 位提掉了白棋。白棋还可以试试其他走法,但是都不会成功。

如图 3-190,在这种情况下,如果白 A 位断时,结果会如何呢?

见图 3-191,如果白棋不看直线征子的前方情况如何,一路上 3、5、7、9 追下去,黑棋就可以平平安安地被接应走了。黑 2、4、6、8 到 10 连接上了。

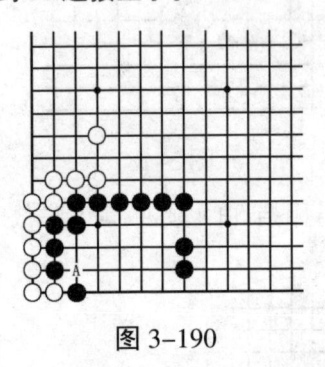

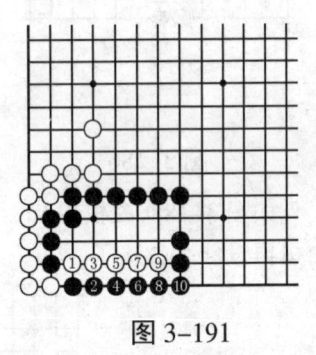

图 3-190

图 3-191

如图 3-192,让我们试试"枷"的方法如何? 白 1 断,黑 2 长,白 3"枷"。行不行?

如图 3-193,可惜"枷"走得太早了些,黑棋可于本图的 4 位打吃白子,到黑 6,黑棋平安无事了。

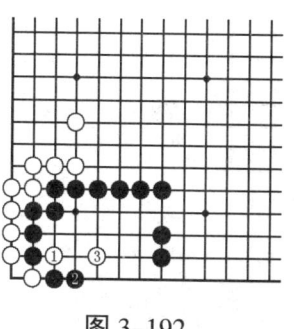

图 3-192

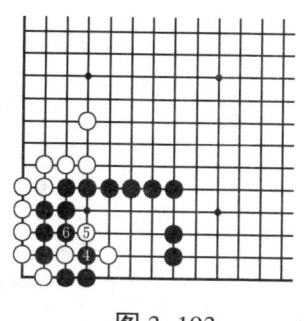

图 3-193

如图 3-194，白 7 再打吃，黑棋接上，白三子也无法作活。那么是不是边上的枷不成立呢？

如图 3-195，白 1 断是没有错，黑 2 逃。此时白 3 再打吃一步，逼黑 4 再逃，然后再于 5 位枷，这时白棋离成功不远了。

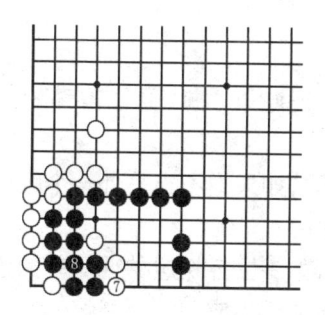

图 3-194

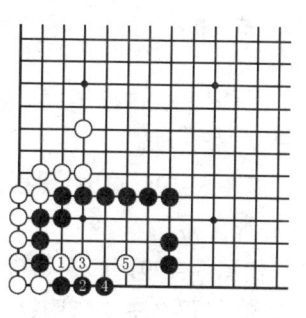

图 3-195

如图 3-196，如果黑棋仍不死心走 6 位，白棋于 7 位打吃就行了。走 A 位打吃是不行的。

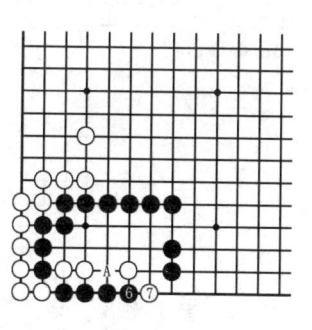

图 3-196

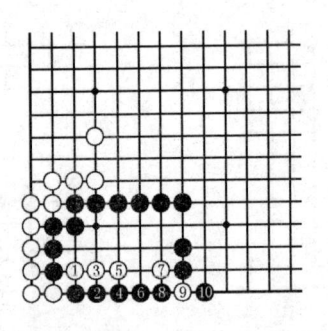

图 3-197

如图 3-197,白棋走了 1、3 以后再在 5 位多打吃一着是不是更好呢？这时再走 7 位枷就晚了一步,因为黑棋有接应,8 位长以后,如白 9 再扑,反而被黑 10 提掉。一下子所有黑棋都获救了。

3. 接不归

围杀对方的棋子时,有一种比"征吃"、"枷"更显得奇妙的方法叫"接不归"。

如图 3-198,这时,黑棋只有一个眼,如果做不出另外一个眼的话,必死无疑。

如图 3-199,如果黑棋以 1 位做眼、3 位打吃这种很简单的走法去求活,那么白 2 破眼、4 接,黑显然求活不成。

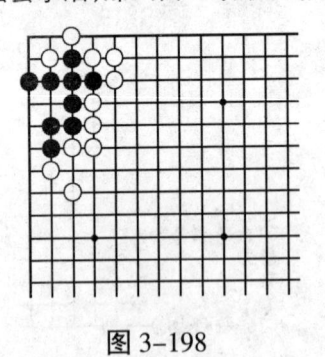

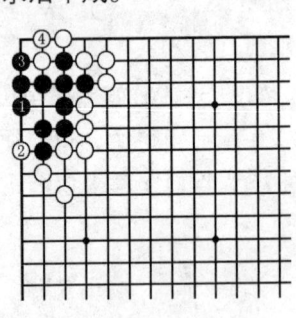

图 3-198　　　　　　　　图 3-199

如图 3-200,黑 1 先送吃一子是起死回生的妙手。白 2 提是想继续杀黑的唯一一着。

如图 3-201,这时黑 3 机会来了,打吃以后……

图 3-200

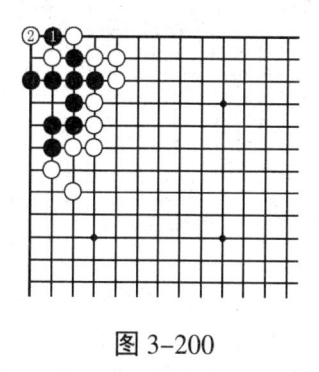

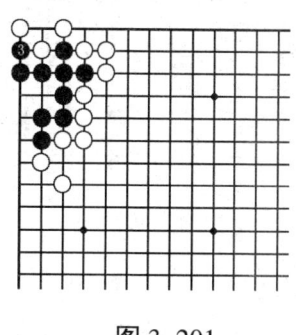

图 3-201

如图 3-202,白 4 接,黑 5 提掉白 4 个子。两个眼做出来了。

如图 3-203,白 4 先接右边,被黑 5 提掉两个白子后,黑也成了活棋。像这种先送吃一子或数子,然后再吃回来的方法还有很多。

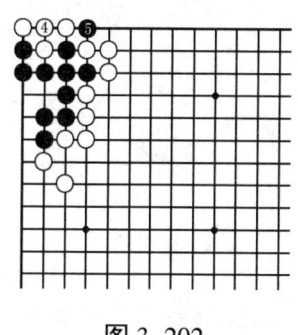

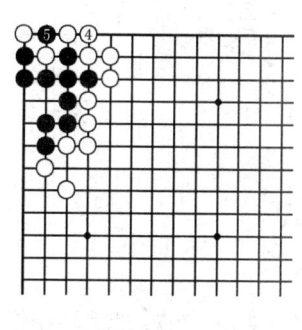

图 3-202

图 3-203

如图 3-204,请细看本图。上方四个黑子陷入重重包围,黑四子在白包围圈中做活是根本不可能的,只有设法杀死白子,从而解救黑子这个方法了。如果与右边三个白子杀气,显然不行,因为黑四子只有三气,而白棋有四气。

图 3-204

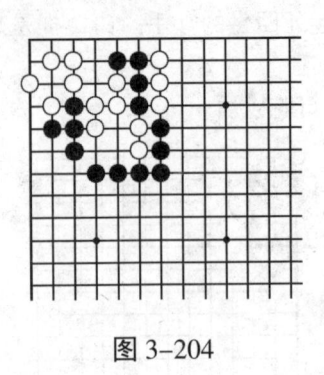

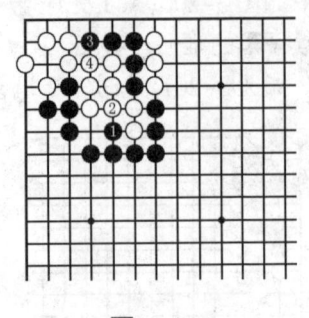

图 3-205

如图 3-205，黑 1 打吃白两子，方向是对的，但具体走法有问题。白 2 接，黑 3 时，白 4 接，黑棋还是不能取胜。

如图 3-206，黑 1 扑（往对方虎口中送吃一子叫做"扑"），牺牲一子，是妙着，白 2 只好提掉黑 1。

图 3-206

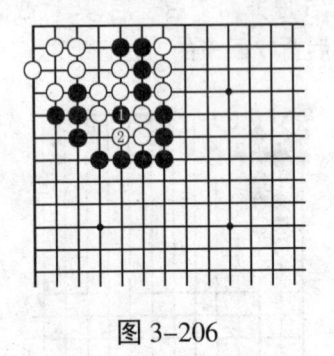

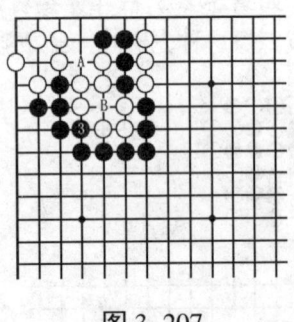

图 3-207

如图 3-207，然后黑棋再在 3 位打吃，此时白三子就是"接不归"。如果白棋在 B 位接回三子的话，就会被黑棋在 A 位把白棋的八子全部提掉，从而四个黑子也救出来了。

4. 倒 扑

如图 3-208，现在轮到黑棋下，想办法救出上方两个黑子，只有设法吃掉断开黑棋的两个白☆子。

图 3-208

图 3-209

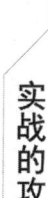

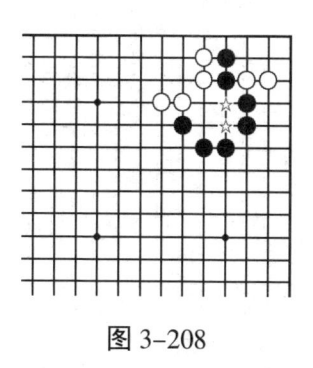

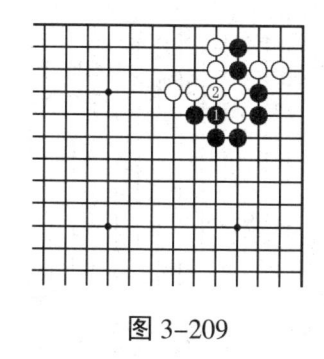

如图 3-209,黑棋如果直接在 1 位叫吃,白 2 接,那么目的就不会实现。

如图 3-210,黑 1 故意送给白棋吃一子,白 2 提,但提后白三子就处于被叫吃状态。

如图 3-211,黑 3 这时再去提掉白三子,这种扑后再提回来的手段被称为"倒扑"。

图 3-210

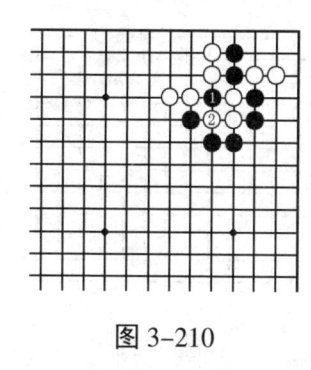

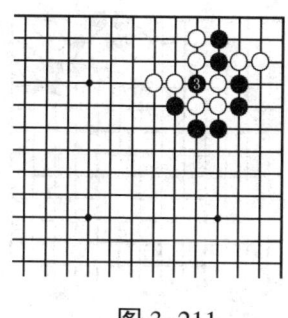

图 3-211

如图 3-212,是较高级"倒扑"的例子。黑 1 打吃白子,企图断开角上三个白子。

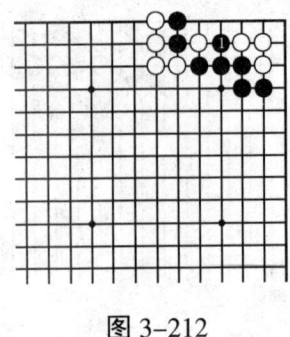

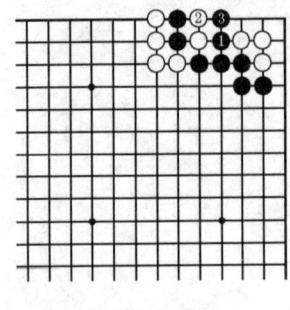

图 3-212　　　　　　　　　　图 3-213

如图 3-213，照一般下法，白 2 提掉黑两子，但被黑 3 立下去，角上三个白子就被杀了，白棋救活三子的妙手在哪里呢？

如图 3-214，黑 1 冲过来的时候，白 2 是妙手，黑 3 提白一子是此时唯一的选择。

如图 3-215，但是这么一来，三个黑子反而被叫吃，白 4 提黑三子。这是白 2 的妙处所在。

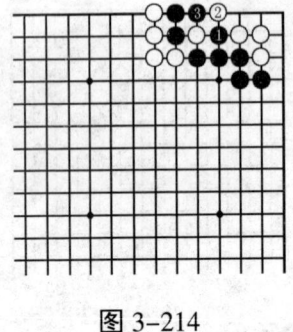

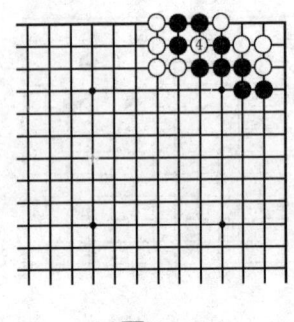

图 3-214　　　　　　　　　　图 3-215

如图 3-216，接下来，黑 5 时白 6，黑 7 时白 8，黑棋仍无济于事。

如图 3-217，这是最后的结果图，图 3-214 中白 2 的妙手很容易被忽略。

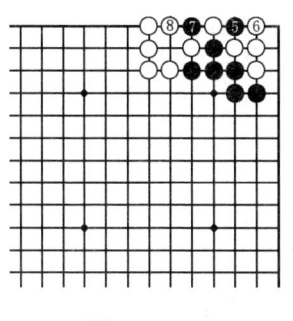

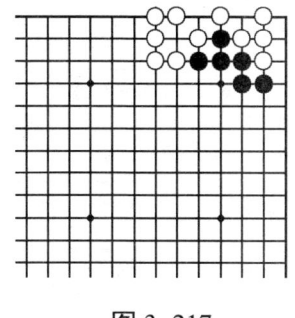

图 3-216　　　　　　　　图 3-217

学会了"征"、"枷"、"接不归"、"倒扑"的走法与在实战中能灵活地应用,这中间还有一段很长的距离。需要在实战中仔细去观察,并确实掌握这些方法之后,自然会得心应手。

八、紧气追杀的诀窍

初学者一开始最感兴趣的是追杀对方的棋子,成功了就洋洋得意,失败了就沮丧得很。其实,棋是两个人一步一步下的,自己的棋要吃别人的棋,是要满足一定条件的;你要杀他的棋,他也必然要杀你的棋。结果要取决于双方棋形的优劣和紧气技术的高低。一些死棋的例子,虽然说是死的,但也要看你如何动手。杀气的手段有(按常见次序是):征、枷(也叫门)、顶、挖、扑。

征要是能够成立当然最好,因为对方始终保持一口气,很难起反复;枷也没有太大的变化,主要的问题是外面的利用要谨慎应付;挖和扑都是利用对方连接缺陷的;顶则是防止对方长气。

请仔细体会一下:图 3-218 的各块棋,会有什么结果？如图 3-219 白 1 到 9,吃的特点是一气追杀,一路上如果有黑棋的子在接应,是绝对无法成功的,所以在征子还未开始的时候就要先做好准备。黑 10 到 12,是利用"门"的办法;白 13 到 17 是利用黑连接不完整;黑 18 是利用白的气集中在一个没有出路的方向。特殊的棋形要特殊

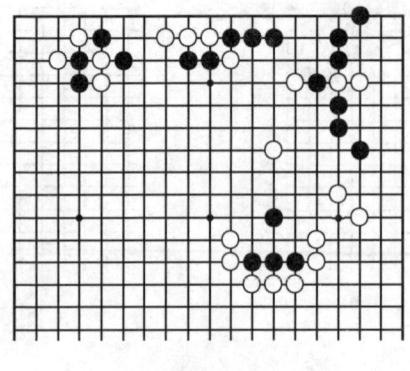

图 3-218

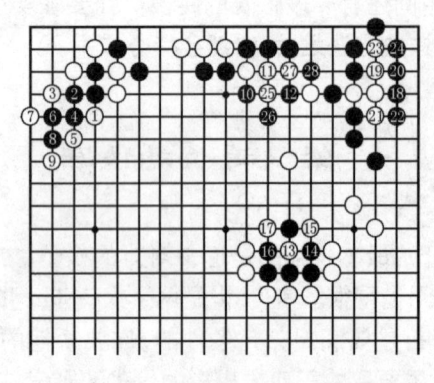

图 3-219

的手段吃,如果不看形势随便乱打一气,是不会有效果的。其中特别要注意征,因为如果在没有计算清楚的情况下贸然征子,中途有敌方棋子接应,己方的子就会像"荷叶包蟹"一样,被对方强力撕碎,一盘棋也就结束了!

九、棋子的效力

1.围地的效力

在前面各节所讲授的东西,作用都比较单纯,棋子下去之后目的明确,效果立即可见,没有进一步的潜在作用。下面讲一讲一颗棋子怎么下才能最大限度地发挥它的作用。

如图 3-220,从黑 1 到白 8,双方下了四着。黑棋在慢条斯理的时候,白却以一间跳快速占了较大的地域。

如图 3-221,黑仍以慢速走了 9、11、13。白又以快速抢占了 10、12、14,谁围的地多、谁围的地少可以一目了然。为什么没有经过拼杀,胜负就大致确定了呢?原因就在于黑子围地的效力太差,而白子围地的效率较高的缘故。

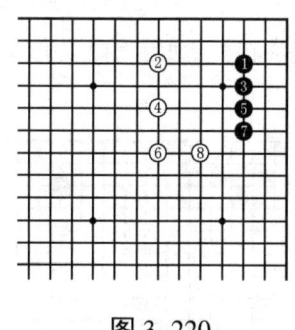

图 3-220 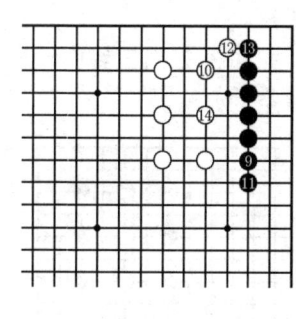　　　　图 3-221

如图 3-222,黑棋以 1、3、5 来围地,白以 2、4、6 来围地,如果双方的空就这么确定下来,又显然是白棋占了便宜。因为从边线数起,黑棋是围的三线的空,而白棋围的是四线的空。由此也可以看出同是一个子,围空的效果是不一样的。

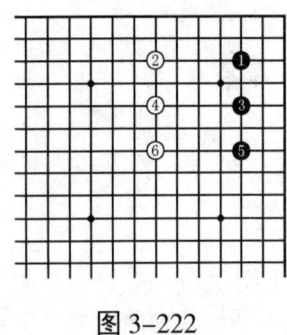

图 3-222 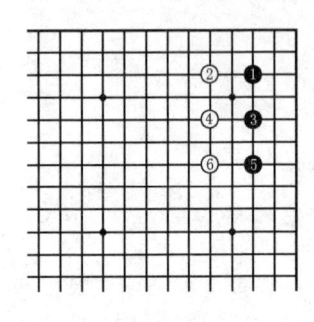　　　　　　　　　图 3-223

如图 3-223，黑 1、3、5 围空，白棋太过于贪心，用 2、4、6 来为围五线的空，特定的情况下从五线围空也不是不可以，但是……

如图 3-224，在此图的非特定情况下，这样围空就很成问题。黑 7 打入，白 8 后黑 9 位占左下角，如白走 9 位，则黑 9 走 8 位占左上角。这样白棋是很难杀死黑棋的。

通过以上几例，可以看出三、四线围地比较合理，五线围地则不实在。

如图 3-225，三线围地虽然少，但是实在。下面看看白棋有没有破黑空的办法。

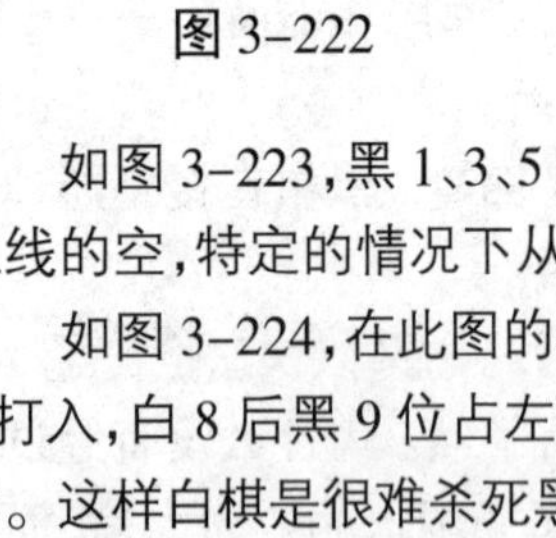

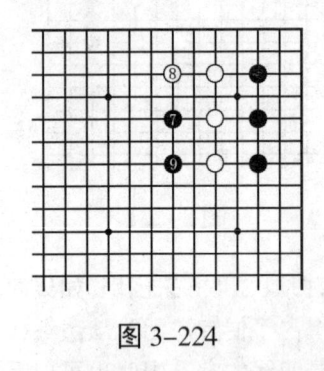

图 3-224 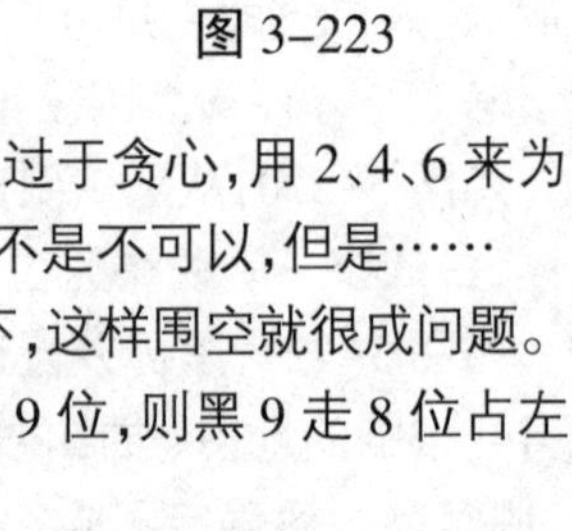　　　　　　　　　图 3-225

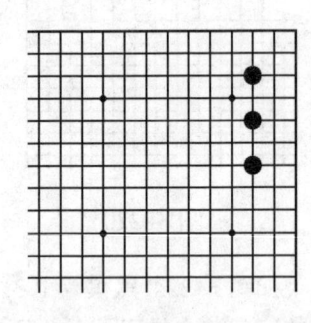

如图 3-226，白 1 入侵，黑 2 接，白 3 后，黑 4 接。

如图 3-227，白 5，黑 6，白 7，黑 8，白 9 把所有的子连在了一起。但是这里的五个白子仍做不出两个眼。

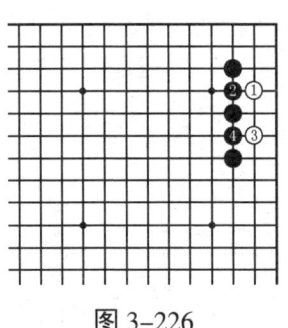

图 3-226

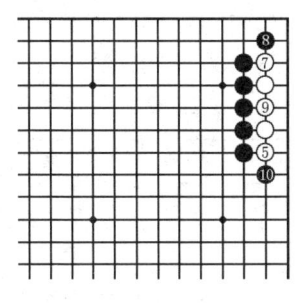

图 3-227

见图 3-228，即使白棋 1 位断，黑棋可用 2、4 把白棋吃掉。白 5 位断，也仍没有效果。黑棋的两边都不怕白棋断。

如图 3-229，如果白 1 扳一手，黑 2 接，白 3 再扳，黑 4 再接，虽然白棋的这些走法没什么错，但是仍发挥不了什么作用，还是很难做活，白棋 5 位接，黑棋即使不应，白也活不了。

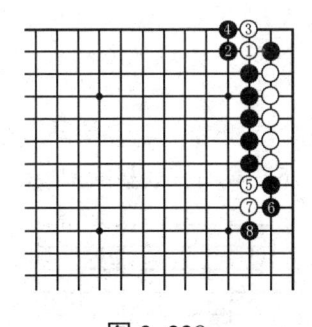

图 3-228

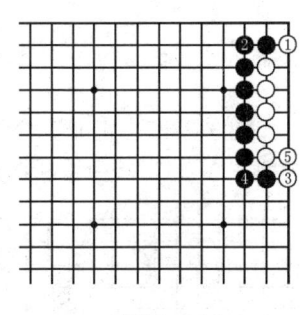

图 3-229

如图 3-230，黑棋不应以后，白 7 试图作出两个眼，但是黑棋有 8 位扑破眼的手段。即使白 A 位提，也不是真眼，仍是死棋。

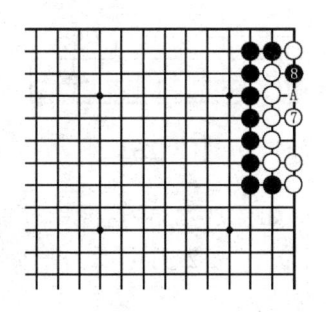

图 3-230

如果白棋把白 7 改下在图 3-231 中的 7 位,黑 8 一点"直三"中间的位置,白也是死棋。白棋使用了种种方法,还是没有能做活这块棋而达到破黑空的目的。由此可见三线围空是非常坚实的。

图 3-231

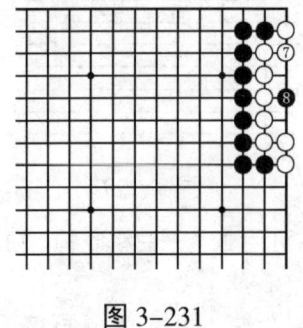

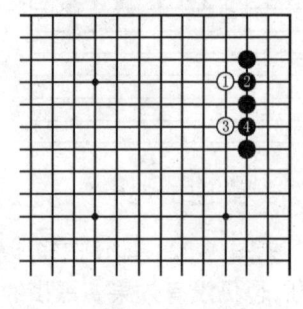

图 3-232

如图 3-232,白棋打入内部不行,由外部入侵又如何呢? 白走 1、3,黑走 2、4,黑空就更结实了。

2.连接和切断

如图 3-233,当走成这种情形以后,请注意黑棋产生了两个断点。
如图 3-234,被白 1 断以后,黑棋上下总要有一块棋被围攻。

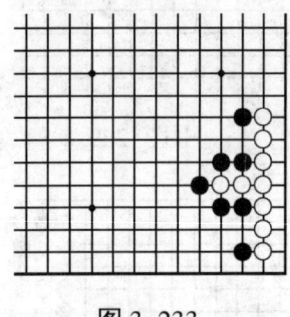

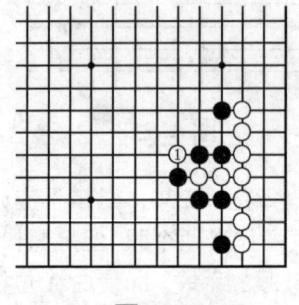

图 3-233

图 3-234

如图 3-235,这时即使轮到黑棋先走,黑接一手,补掉了一处断点,白 2 仍可断另一处黑棋。因为有两个断,黑棋是防不胜防的。

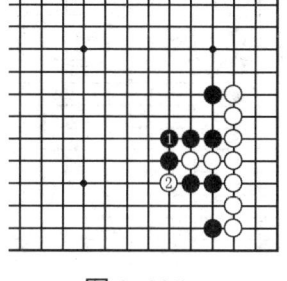

图 3-235 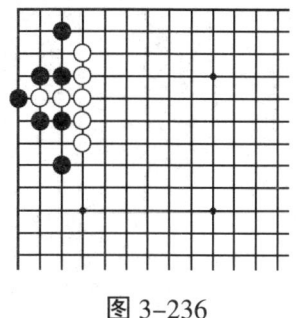　　　　　　图 3-236

如图 3-236，上图的情况如果靠在边上……

如图 3-237，白 1 扑，黑棋 2 位提掉。同理，如再在 3 位扑，黑可以在 4 位提。虽然两处断点，但因为靠在边上，黑棋的断点被弥补上了。

如图 3-238，另外，如果白 1、黑 2、白 3，黑棋可以黑 4、黑 5、黑 6 吃掉二个白子。同样，白棋以白 7、9 来断，黑棋亦可以走 10 位来吃白。因此我们可以得出这样的结论：在棋盘中央容易被切断的棋形，如在边上就不用担心被断。

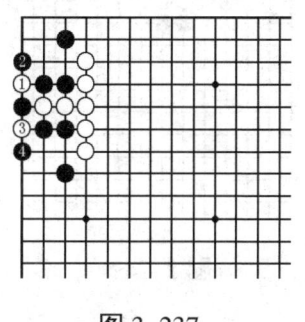

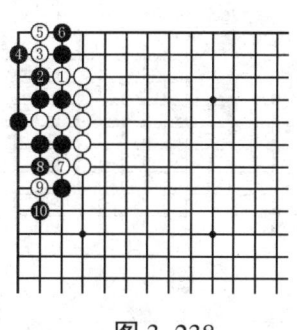

图 3-237　　　　　　图 3-238

如图 3-239，黑棋如被白 1 切断，便会陷入困境。这时又不能用"征子"的方法来攻击白子，确实是很麻烦。

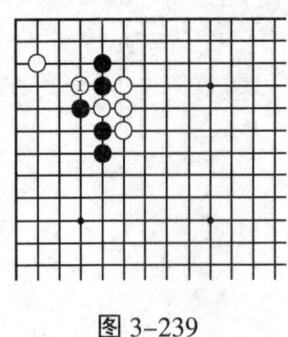

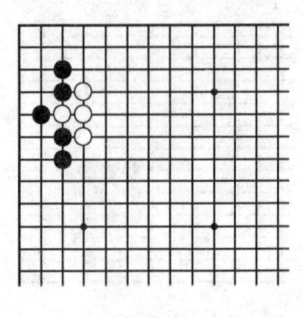

图 3-239　　　　　　　　　图 3-240

如图 3-240,同样的情况放在边上,结果可就大不相同。虽然不像前例靠近一线,这次靠近二线,白也无法断掉黑棋。

如图 3-241,如果白 1 断,黑 2 打吃,白 3、黑 4 以后白仍切不断黑棋。如图 3-240 的情况黑棋是没有断点的。

如图 3-242,黑棋被白 1 切断以后,顿时陷于不利的作战形势中。

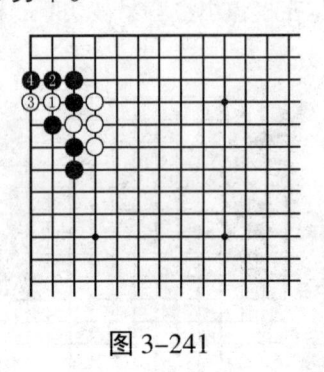

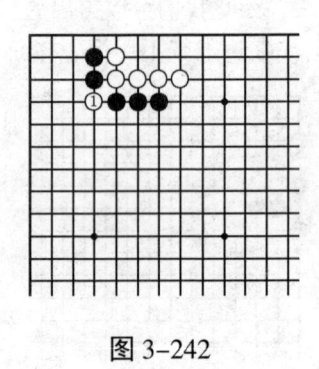

图 3-241　　　　　　　　　图 3-242

如图 3-243,同样的棋形如果靠近边线,就不用担什么心了。因为黑 2 马上可以把白吃住。

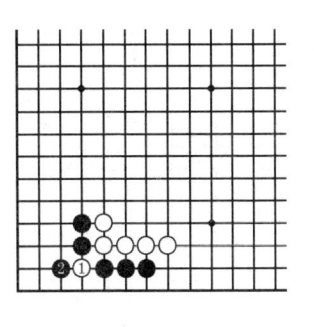

图 3-243 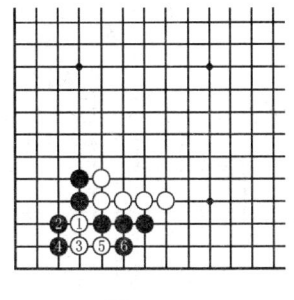					图 3-244

如图 3-244,即使是在第三线上,黑棋也没什么危机,白棋走到 5 位,黑 6 位挡住,白棋也没有办法了。

3. 补断的各种方法

如图 3-245,黑棋因为 A 点有被切断的可能,所以要小心从事。最好把隐患——断点消除掉。

如图 3-246,黑 1 接,是所有消除断点的方法中最彻底的一种。

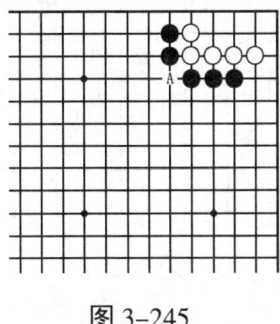

图 3-245 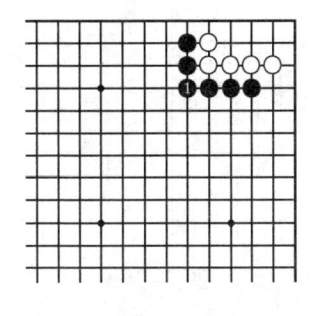					图 3-246

如图 3-247,黑 1 也是补断的一种方法。走了黑 1 以后,白如走 A 位切断,黑走 B 可以提掉白棋,白子如进了老虎嘴里一样,所以黑 1 的走法被称为"虎"。

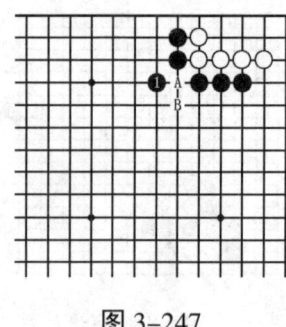

图 3-247

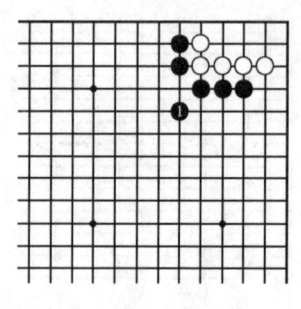

图 3-248

如图 3-248，本图的黑 1 也是"虎"的一种。

如图 3-249，此外还有一种比较高级的补断，黑 1 这种走法被称为"飞"。这样的补断被称为"飞补"。黑 1 如走 A 位，也是"飞补"，此时如果白棋仍来断……

如图 3-250，走白 1 切断，结果黑 2、白 3、黑 4、白 5、黑 6 以后，白 3 子被捉住。黑在 A 位征吃白棋也可以，如征子不利的话，黑 6 枷出有效地制止了白棋切断的企图。

图 3-249

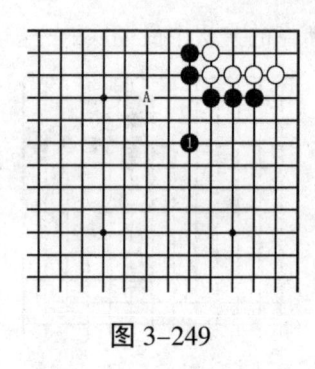

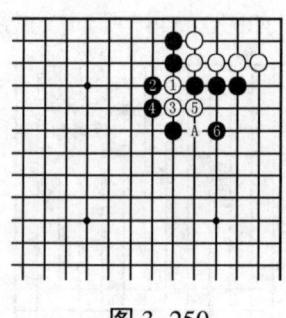

图 3-250

如图 3-251，图中黑 1 也是飞补的一种。

如图 3-252，白 1 断，黑 2 可以把它征掉。当要征对方棋子时，尽可能把它赶往自己的地域内，这样产生意外的可能性较少。

图 3-251

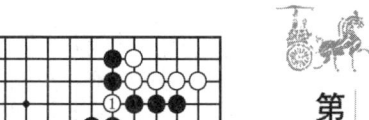

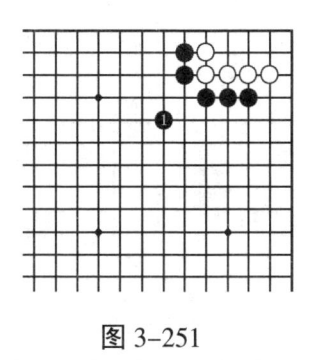

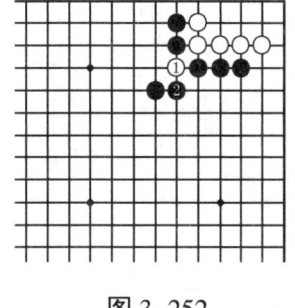

图 3-252

4. 双

如图 3-253，两个黑子在一条直线上，中间隔着一个交叉点，被称作为"跳"。成跳形的黑子之间的连接并不紧密。

如图 3-254，白 1 放在中间，经过黑 2、白 3。这时即使黑棋 A 位接，白棋可以在 B 位断；黑棋 B 位接，白可以 A 位断。黑 2 如在 3 位打吃，结果也一样。

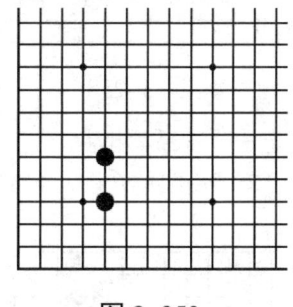

图 3-253

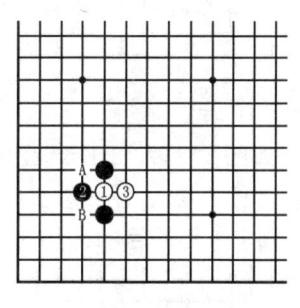

图 3-254

如图 3-255，如果是这种棋形，就不会被白方切断了。

如图 3-256，因为当白 1 企图切断时，黑棋可以在 2 位打吃，白 3 以后，黑 4 位接。这样黑棋就完全连在一起了。

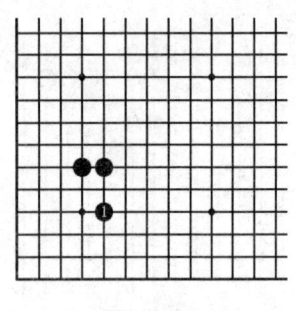

图 3-255

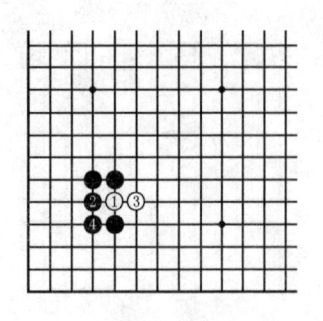

图 3-256

如图 3-257,这种棋形如何呢?黑棋的三子是否都连接在一起?

如图 3-258,是连在一起的。白如 1 位挖,黑棋 2 位叫吃,白 3 长时,黑 4 接,因为上方点处是虎口,所以黑棋的连接很牢固。

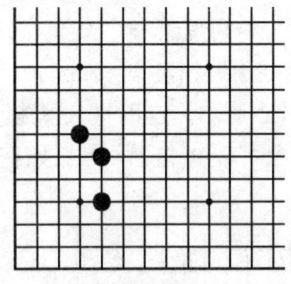

图 3-257

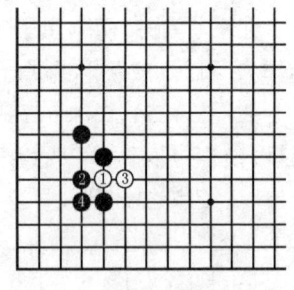

图 3-258

如图 3-259,白 1 长,企图在 A 位再走一步冲断黑棋。

如图 3-260,然而黑棋走 2 位接,便粉碎了白棋的企图。虽然黑 2 达到了连接的目的,但……

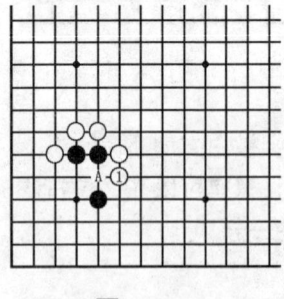

图 3-259

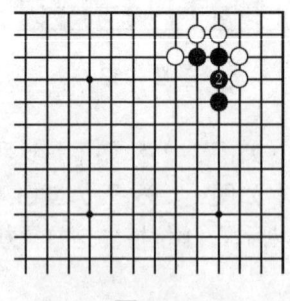

图 3-260

如图 3-261,同样是补断,改为图 3-261 黑 1 的走法则效果更好一些。黑 1 的走法被称为"双"。即使白棋走 A 位冲,黑也可 B 位接。

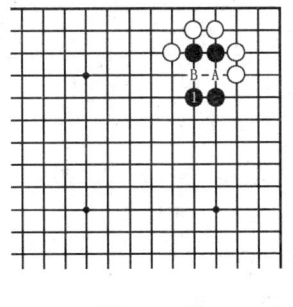

图 3-261 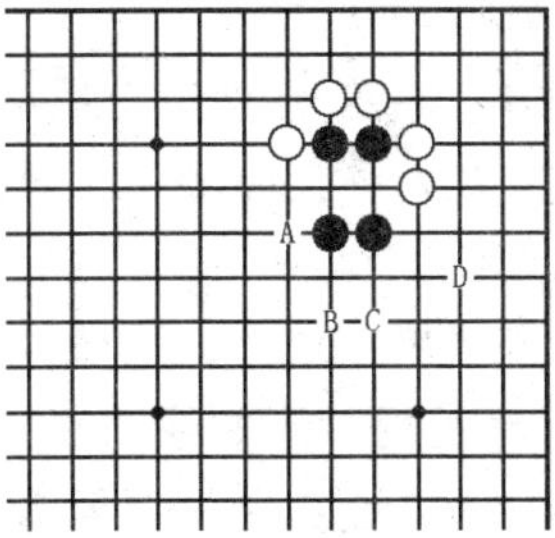　　　　　　　图 3-262

如图 3-262,黑棋"双"了以后,对连接不仅起到作用,以后走 A、B、C、D 等点围空的效率都比图 3-260 的 2 位接高。

如图 3-263,效率还表现在,如果不双,白 1 长,黑棋不利。

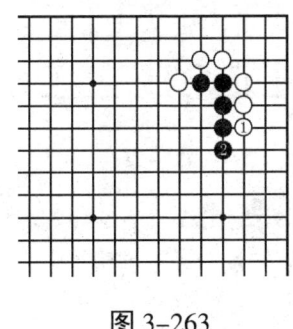

图 3-263 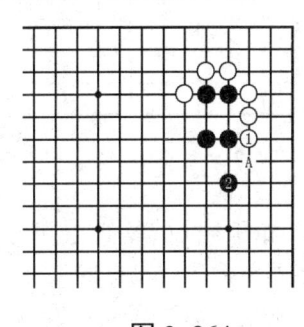　　　　　　　图 3-264

见图 3-264,双了以后,白 1 长,黑棋或在 2 位跳,或在 A 位"扳"。就要主动多了。

十、收 官

通过前面的讲述,读者想必已学会了棋子的连接和切断、死与活等初步技巧。可是真到实战,多数人在布局、中盘阶段时都还可以应付，只是不知道该如何收官以结束比赛。当双方通过中盘的战斗，彼此的地域已大致确定，下一步该如何？下一步，双方都要尽量扩大自己的地域，同时设法减少对方的地域，这些步骤称为"收官"。收官因为不会大起大落，所以不被初学的人重视。其实目数的增加或减少虽不会大起大落，但是因为收官走得不好而将赢棋走输的例子古今中外还是很多的。

前面所讲过的一盘棋，黑先走而终局却输了一目，其原因是"官子"没有收好。下面我们用小棋盘研究一下官子的作用。

如图3-265，由黑1至黑7还算没有大错，但黑9这着就有问题了。虽然黑9一手看起来很大，但如果把它改为……

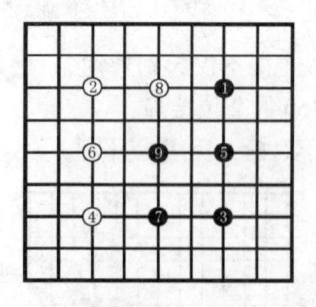

图 3-265

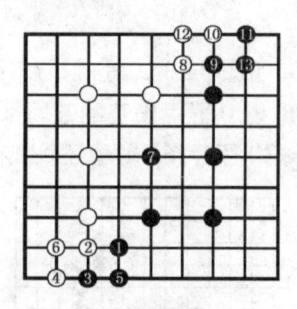

图 3-266

如图3-266，黑1尖，则更大。如白2挡，黑棋可先下3、5扳接，然后再下黑7，如此就胜了。接着，双方继续从白8下到黑13。

如图3-267，再从白14下到黑23，比赛就结束了。

算起来黑棋占了43个交叉点，而黑达到40.5个交叉点即为和棋，现在超过了2.5个，所以是黑胜两子半。

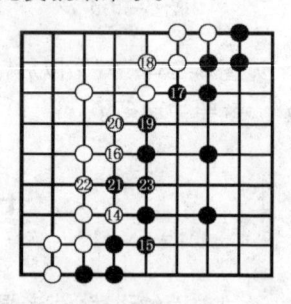

图 3-267

如图 3-268 的黑 1 尖是先手占了六目,为最后获胜立了功。

如图 3-269,双方继续由白 14 下到白 24 便结束了。黑胜了多少,请自己去计算一下。如此,大家应明白,边角上的尖是很大的官子。

图 3-268

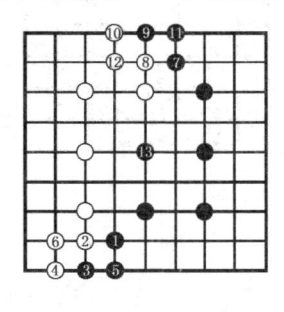

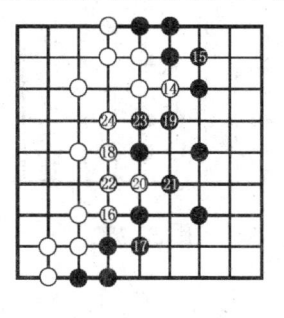

图 3-269

如图 3-270,到黑 9,与图 3-265 的例子相同。前面已讲过黑棋第 9 手有问题。但是如果黑 9 以后下好了的话,黑棋还不至于输。白 10 尖的时候,黑棋如在 A 位挡,便会造成败局,如将这手改为……

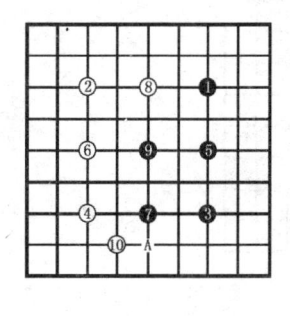

图 3-270

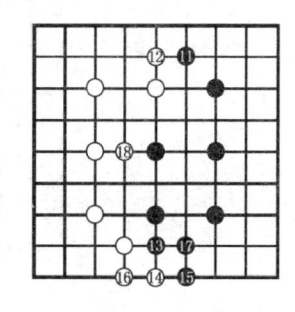

图 3-271

如图 3-271,黑 11 尖。那么白棋 12 位挡了以后,黑再走 13 位。白 14、16 的扳接是先手,所以黑棋非以 15、17 应不可。接着,白棋可争 18 位。

如图 3-272,此时黑棋可以走先手的 19、21 扳接。黑 23 也是先手,然后再走 25 位封空。黑 25 这着也可下在 A 处,当白棋在 B 位应了以后,黑再在 C 位挡,这可获利不少,可是……

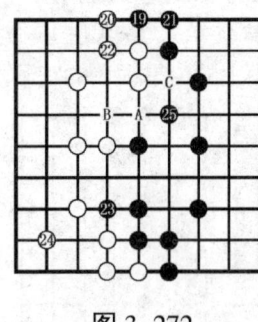

图 3-272

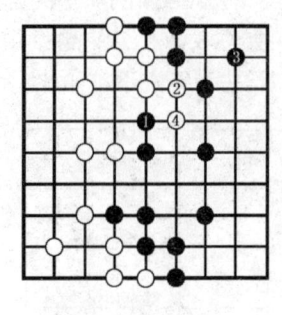

图 3-273

如图 3-273，黑 1 时，白棋可能不应，而走白 2，黑 3 不得不应，白 4 侵入。

如图 3-274，接图 3-272，由白 26 下到白 30，这一局比赛结束了。计算一下胜负，白棋占了 40 个交叉点。半数是 40.5 个，所以白棋输半个子。

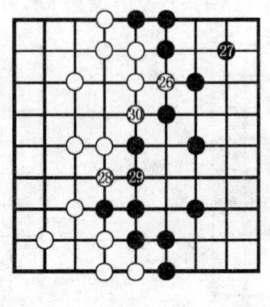

图 3-274

以上所讲的是基本的收官知识。收官的好坏会影响到胜负，以及胜负的差距。

第四章

使用正式棋盘的基本知识

一、走向大海

从下面开始,就要采用正式棋盘(十九线的棋盘)讲解了,就好像要从游泳池出来进入大海一样。大海尽管风高浪大,但游泳的方式方法还是和在游泳池时一样,所以用不着害怕。当然海大了,总要更加小心和多用脑子。

如图 4-1,白采用常用的手段"小飞挂"攻角,黑可用"小飞"来应。白 3 挂,黑 4 还可用小飞来应。

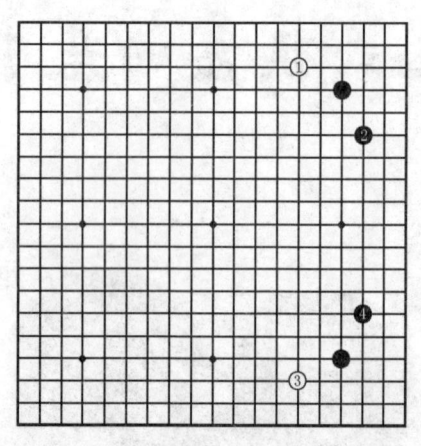

图 4-1

如图 4-2,如果白 1 直接来碰一手,黑 2 飞应就好了。

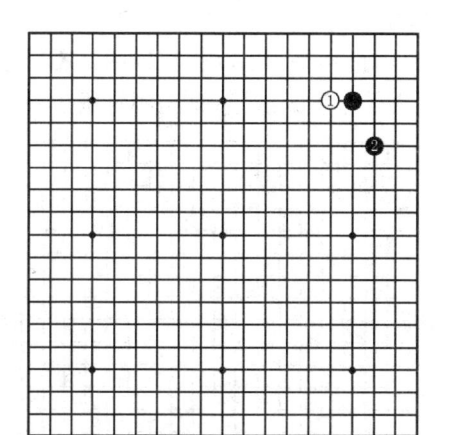

图 4-2

如图 4-3，当白 1 碰时，黑棋可以 2 位长，或 A 位长来应。

如图 4-3 的走法偏于防守，图 4-4 的手法偏于进攻，至于哪种走法更好，不能一概而论。

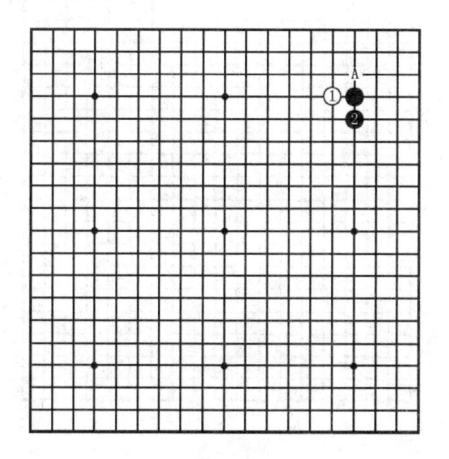

图 4-3

如图 4-4,黑棋也可以走 2 位的上扳或 A 位的下扳。

如图 4-5,白棋直接来碰,A、B、C、D 四点都可以走,至于选择哪一点要根据周围的情况来决定,这里不详细讲解了。

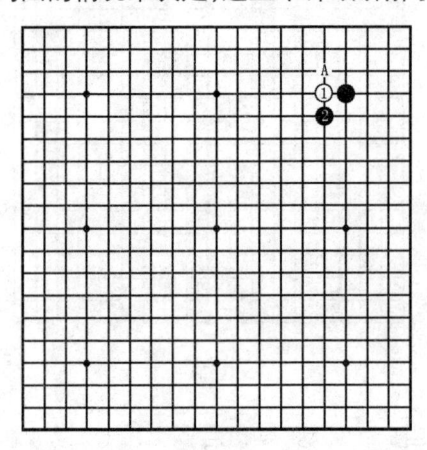

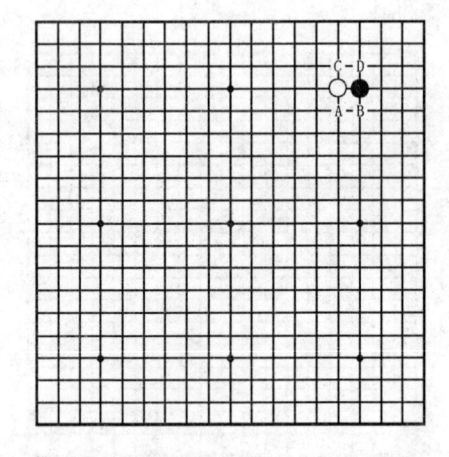

图 4-4

图 4-5

如图 4-6,有时白棋也会从相反方向来挑战,此时黑棋可走小飞守角如 A 位,也可以走 2 位的单关守角。白 3 进攻,或 B 位进攻都行。黑 4 位应或 C 位应也可以。

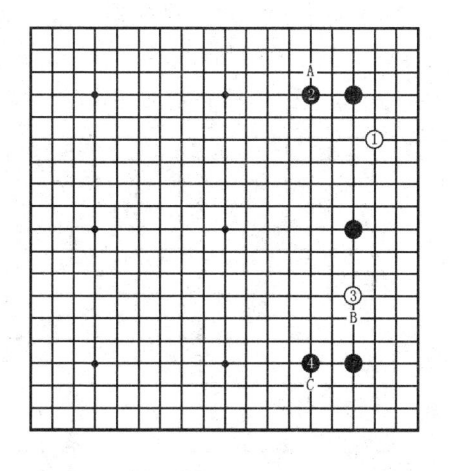

图 4-6

如图 4-7，白棋以小飞挂角，通常黑棋可以小飞或单关来应对。但之后黑棋如何应对呢？如图所示以黑 1 立应对是很好的办法。

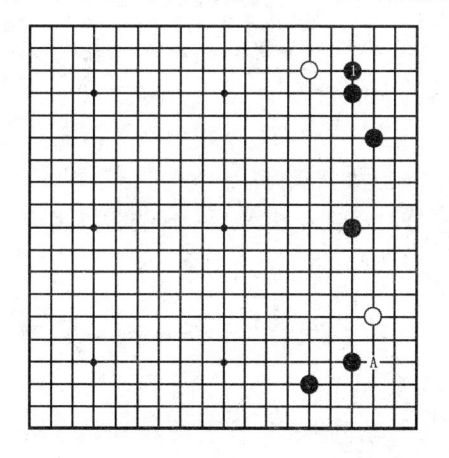

图 4-7

前面是角部的攻防。一般来讲在大棋盘上的总方针是"一占角，二守角或挂角，三拆边"。图 4-8 中黑 1 到白 4 都是占空角。黑 5 这着即是守角。白 6 如果下在左下角黑 13 的位置，同样是守角，也是相当有价值的一手。白6挂的目的是不让黑棋守角,这可看做是白棋的挑战。黑7至白12是定式的一种。定式是在布局阶段有关角部变化的走法,数量种类都很多,以后再予以介绍。

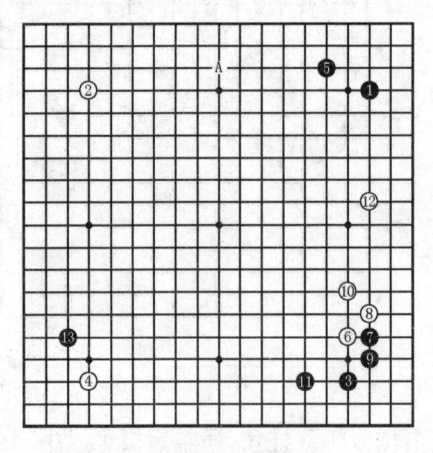

图4-8

下面黑13也是挂角。等到占角守角告一段落以后,双方就采用拆的手法来扩大地域,例如,走上方的A处就是拆边。

归纳一下:1到13黑白各子均下在了第三或第四线上,这样便不会出大错。一旦敌我双方的棋势短兵相接,必然会引起战斗,此时就可以发挥在九条线小棋盘上所学的各种技巧。

二、授十三子的实战谱

白:六段　胜本哲州　　授十三子:七级　K.K氏

第1谱(1-13)

授十三子即除了九个星位先放上黑子,再往中腹对称地放上四个黑子。

前面讲过要"一占角、二守角或挂角、三拆边"。因为是让子棋就无法按这个常规走棋了。

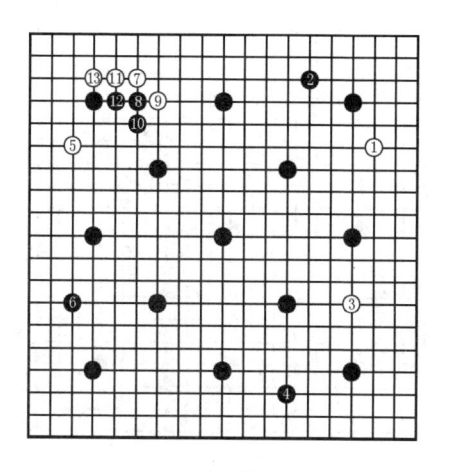

第1谱

下面对这局实战进行讲评。

①好棋　用■表示。

②平平　用□表示。

③坏棋　用×表示。

(黑2、4=■)这是角上常见的下法。

(黑6=□)通常要在7或8位应。

(黑8、10=■)这是一种定式。

(黑12=□)按照定式应走13位挡。

第2谱(14–31)

(黑14=■、黑16=□)通常黑16应改在17位挡较为有利。像这样，16这一手算是缓着。

(黑18=■)这是先手，白棋须以白19应才行。(黑20=□)如果黑20改在23处的小飞就可以得满分了。

(黑22=×)黑22可以23位扳，看形势把右边★的一子放弃。黑22因恋黑★一子，而被白棋23位冲出，使得上方黑空减少很多。

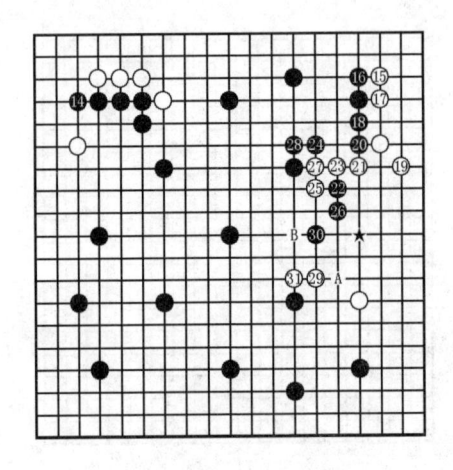

第 2 谱

(黑 26=×)这是很笨的一着,像这种为了救一个子而背包袱的走法是太不聪明了。黑 26 应走 30 位或 A 位为好。

(黑 28=■)像这种断点,黑棋应随时补上。这是很需要防守的地方。

(黑 30=□)黑 30 就是多走一路飞到 B 位也不会被白棋切断,应大胆一些。

第 3 谱 (32—45)

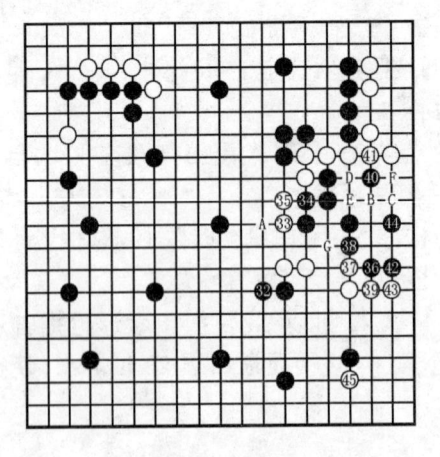

第 3 谱

(黑32=□)黑32应在中央地带补一手,跳到A位就安全了。白33以后,右边的黑棋陷入困境,但是……

(黑34=□)(黑36、38、40=■)(黑44=■)黑44保持眼位,使黑棋能做活。接着如果白B来杀,黑可以在C位应,白D时,黑E,在白F提掉一子后,黑棋可在G位先做一眼,另外在边上已有了一眼,这块棋就活了。

如果这块棋被杀死,黑棋损失有40目,如今做活了,成功不小。这么一来白棋只好放弃攻击而转向45位,攻打右下角。

第4谱(46—64)

(黑46、48、50=■)这几乎都相当成功。

(黑52=×)执黑的一方也许以为52是先手,但实际上是后手。52应改在55立则要好得多。

(黑54=■)这样下也不错,但还应改在55位立更好。

(黑58、60=■,黑62=□)黑58一下,看起来黑棋已知道这个定式而走得不错。不过黑62应先在A位拐,等白B位应了以后再打吃白子就更好了。

(黑64=□)黑棋应将64这手棋改在C位顶,白棋如在D位退,黑可走E位扳,白如在E退,黑可走64切断白两处的连接,攻杀白棋。但是因黑被授着十三子,棋力恐怕不够。

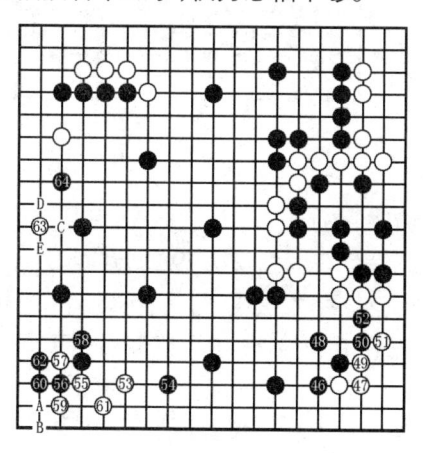

第4谱

第 5 谱（65-76）

（黑 66=□）66 应在 69 位挡,经白 67 时,黑可 A 位打吃,白 B 位接,黑再于 C 扳比较好。

（黑 68=×）黑 68 无论如何都应在 69 位接。

（黑 70=×）黑 70 以后的下法就难找好方案。黑应在 71 位挡,白 70 位断,黑 A 位打吃,白 B 位接以后,黑再于 D 位补断,虽然有可能被吃,但在中腹黑棋可以围到很多的空。现在这个围空方案不易实行了。

（黑 72=×）这一手几乎没有什么用,白白浪费了一着棋。应在 E 位断白子。

（黑 74=■,黑 76=■）黑这子瞄着白棋的毛病,是一着好棋。

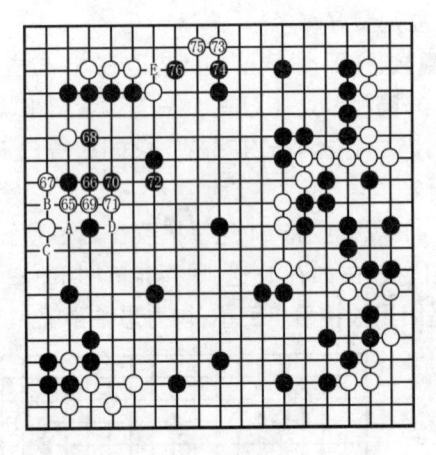

第 5 谱

第 6 谱（77-100）

（黑 78=□）黑 78 也可以从 79 的方向长。

（黑 80=×）这一手太松缓了,为什么不在 A 处扳呢?如果走上的话,白棋只好在 B 位接,黑棋可以夺回先手。"先手"在实战时十分宝贵。

（黑 82、84、86、88、90=■）可是……（黑 92=×）这一手就坏了。因为白棋如在 92 位断,黑就可以把白子征死。又走了一步没有用处的棋。

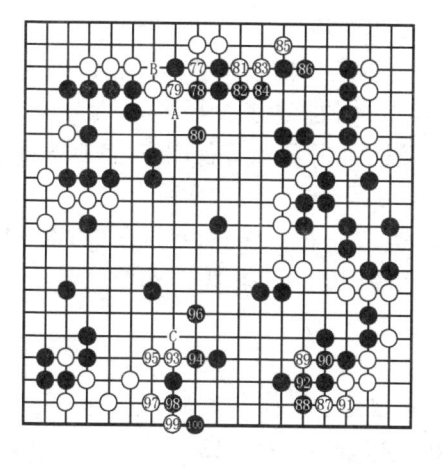

第 6 谱

(黑 94=■)(黑 96=□)这手稍微缓了些,如在 C 位挡则更有利。

(黑 98、100=■)虽然黑棋没有任何棋被杀,但是局势已很接近。

第 7 谱(101-114)

(黑 2=■)这一手是不能省的。如果黑棋不下这一手,经过白 A、黑 B、白 2、黑 C 之后,就会被白棋在 D 位将黑棋"枷"吃掉。

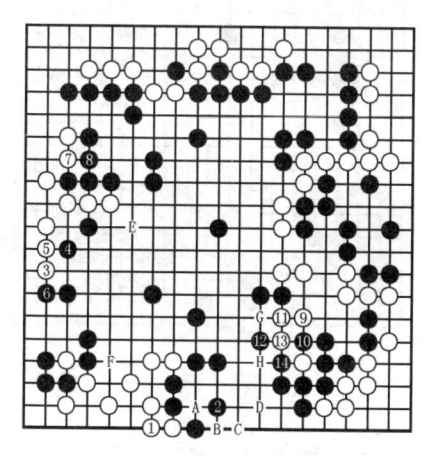

第 7 谱

(黑 4、6=■)(黑 8=□)黑 8 太小,应在 E 位围中央的空。或在 F 位先手长,逼白棋做活。

(黑 10=×)白棋走 G 位破黑空,如果黑 10 改走 13 位,等白 10 位接以后,黑再在 14 位接就不会损失太大。

这样看来,黑棋似乎不太重视围空,舍不得牺牲小棋来顾全大局。按图示,黑 10 提一子不过才两目。

(黑 12=×)黑 12 应在 G 位拐,经过白 13、黑 12、白 14、黑 H,而硬把白棋封住比较理想。结果黑 14 虽吃住了一个白子,但中央的黑少围了不少空。

第 8 谱(115—130)

白 15 冲,黑棋无法抵挡。(黑 16=□)这一手又是舍不得小处,怕丢两子。应在 19 位挡。经过白 17、黑 18、白 16,黑 27 位接较为有利。

(黑 18=■)这着非下不可。

(黑 20=■)这着是大棋。

(黑 26=□,黑 28=■,黑 30=□)黑 30 改为黑 B 较好。

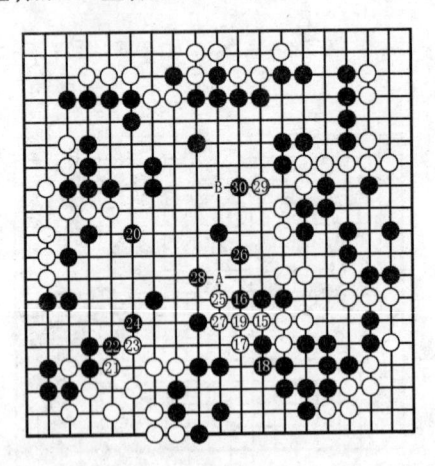

第 8 谱

下到这里,双方的战斗差不多已结束,大致上地域也都已确定下来。下面进入收官。

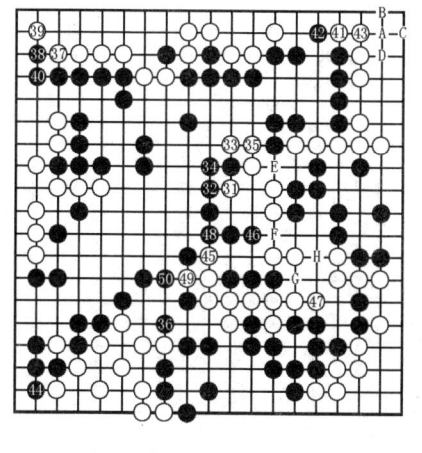

第 9 谱

第 9 谱（131-150）

（黑 32、34、36=■）黑 36 相当大，改在 37 位拐也很大。

收官的要领是：在中央部分，有时下一步就可以围到一些空，看起来很大，其实并不是这样。而像白 37、41 等棋不但增加白空还同时减少黑空，这样的棋比单纯围空要大。再如右上角，如黑棋先以 43 扳，白 A 时，黑 41 接，如白棋不应的话，下一步黑棋又可在 B 位先手扳，这样使白棋的空减少了不少。

第 10 谱（151-173）

前谱的 46 是好棋。白 47 很想以白 49 侵略黑地，但如此，则黑棋可在 E 上断白棋，这么一来白棋则必须在 F 位接，然后黑棋在 G 位冲，白棋难以招架。

（黑 52=■）黑 52 这手如随便下在 55 位挡的话，经过白 53、黑 54、白 A、黑 52、白 57、黑 58 后就会被白 B 位叫吃，黑棋大亏。黑 54 到黑 56 是必然的走法。

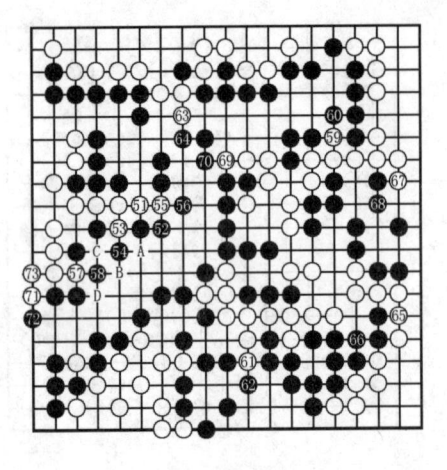

第10谱

第11谱（174-200）

白75虽然是后手，但如果被黑棋占上75位，则黑是先手，所以白抢先占领。

（黑76=■）黑76也是大官子，和白75价值差不多，还是先手。

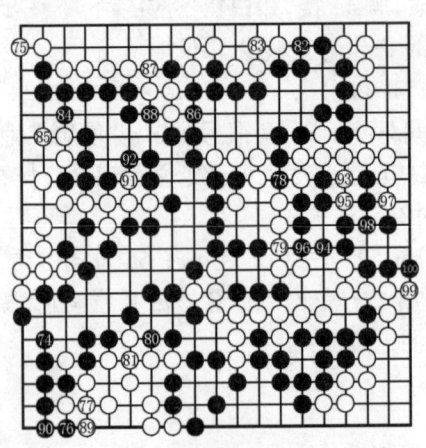

第11谱

（黑78、80、82、84=■）一直到黑100,黑都没有走错什么棋。因为白棋让黑棋十三个,如不吃上黑的一块棋是很难赢的。白棋只靠围空显然围不过黑棋。

第12谱（201-222）

因为是让十三个子棋,而且黑棋又没有死棋,按理说黑应大胜,但到目前已成终棋局面,可见黑棋只围中腹的空是比不过白棋围边的空的。到黑22有空有目的官子占完了,下面是收单官。

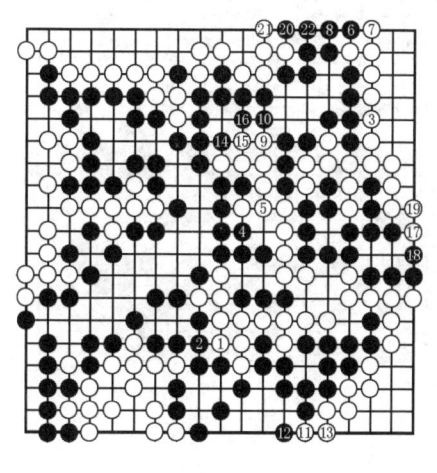

第12谱

第 13 谱(223-237)

以下双方把单官收完，到 237 手这盘棋就全部结束了。最后一项工作就是计算胜负。也就是说数一数黑方共占了多少个交叉点，或数一数白方占了多少个交叉点。再用棋盘上共有交叉点的半数和已知的黑或白所占的交叉点的数比一比，超过半数的那部分就是所赢的，不足的那部分就是所输的。

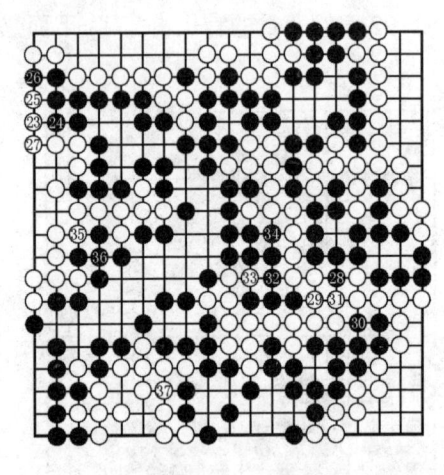

第 13 谱

第五章

布局知识与技巧

布局，就是一局棋开始阶段的布置和结构。一般在几十着之内，先角后边逐渐向中腹发展，双方都想尽快占领盘上有利据点，构成自己较满意的阵势。这就叫做布局。

布局是一局棋的基础。初学围棋者应掌握以下三个方面：一是布局通则，二是大场知识，三是布局类型。

一、布局通则

1.角上下子的位置

（1）占角：对局开始总是先要占据空角。通常占角有五种、共八个位置。如图5-1，走在A位叫"星"；B位叫"小目"；C位叫"3、三"；D位叫"目外"；E位叫"高目"。

这五种位置，各有不同的作用。小目和"3、三"偏重于守角取实地；星、目外和高目偏重于控制边和中腹的形势。

（2）守角：除了"3、三"能一手占角外，其他各种占角位置都需要再补一手，才能巩固。

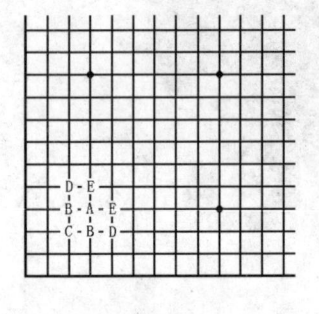

图 5-1 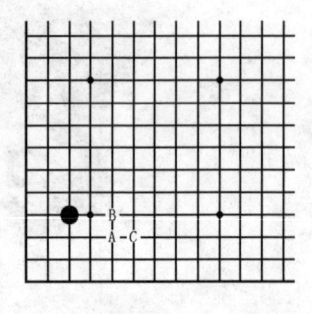　　　　　　　图 5-2

通常小目守角有三个位置。见图5-2：在A位守角叫"无忧角"，在B位守角叫"单关角"，在C位守角叫"大飞角"，这三种守角方式各有不同的作用。"无忧角"占地比较实在，也最常见；"单关角"在向两边开拆时,棋子的配合比"无忧角"好,但给对方留有抢角的机会;"大飞角"控制的范围较大,但使对方攻入的手段较多。

目外和高目的守角方式,基本上与小目相似。但走目外和高目的目的,就是准备对方占角以后,采用多种手段取势或取实地等。

如图5-3(a)是黑走目外白走小目以后的各种手段。图5-3(b)是黑走高目白走小目以后的各种手段。

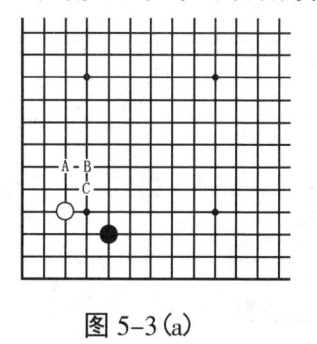

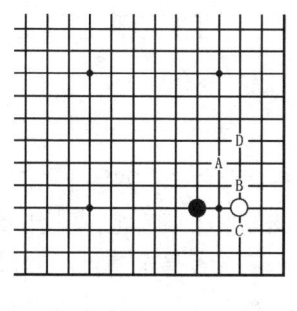

图 5-3(a)   图 5-3(b)

"3、三"一着棋就可占角。往下再走就是向两边发展的问题了。
"星"是着重取势,便于伸向中腹的一着。它补一着,对方也有侵角或点角的机会。如图5-4(a)是侵角。图5-4((b)在A位点角。

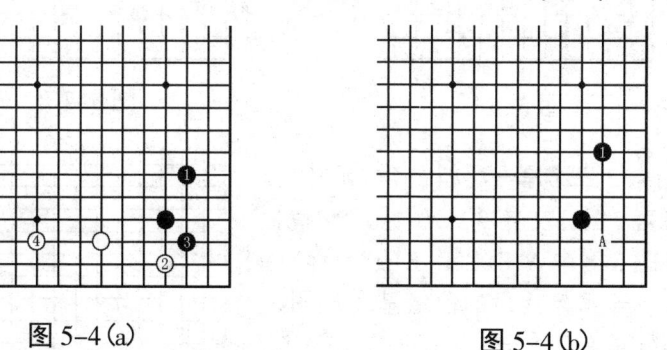

图 5-4(a)   图 5-4(b)

(3)挂角:如图5-5,当黑方在小目或星的位置占角后,白方在黑角附近下子叫做挂角。挂角通常在ABCD几种位置上,在三线上

(a) (b)

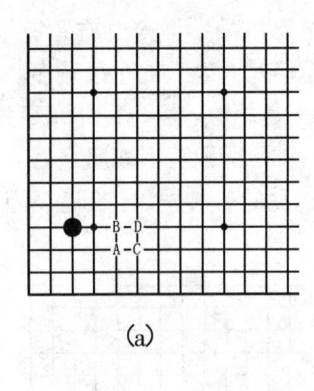

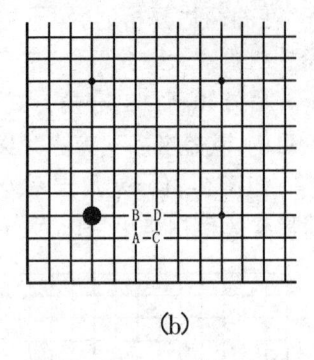

图 5-5

挂角叫低挂。在四线上挂角叫高挂。这几种挂角无优劣可言。一般低挂偏重于取实地,高挂偏重于取外势。

图 5-6 是走高目后,对方的几种挂角位置。

图 5-7 是走目外后对方的几种挂图位置。

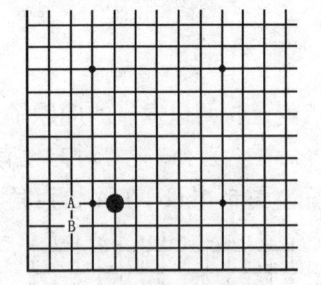

图 5-6

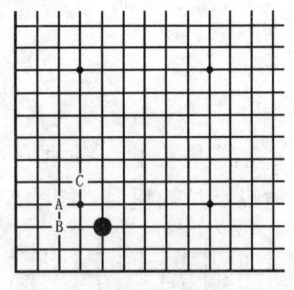

图 5-7

"3、三"是一着棋占角,无挂角可言。但有攻击"3、三"的几个位置,如图 5-8 中 A、B、C、D、E 五个点。

守角与挂角的价值基本相同,但挂角带有攻击性。

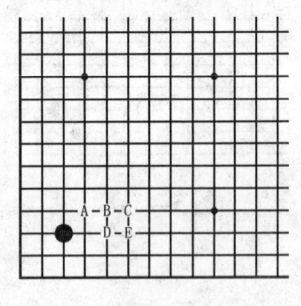

图 5-8

2.棋子的配置

棋子的配置是对局中重要的课题。初学围棋应了解并掌握其基本规律。

(1)棋子要布开,配置要适当　在布局阶段,不要把棋走得过于密集。在附近没有对方棋子时,不要一个挨着一个地走。如图 5-9,这样既不便做眼,也不便占地,子力不能充分发挥作用。但也不要把棋子配置距离拉得过大。

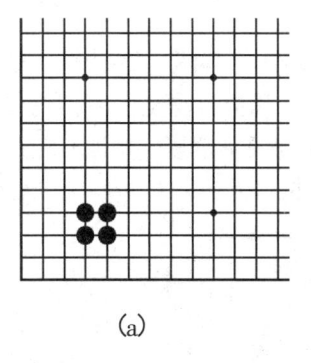

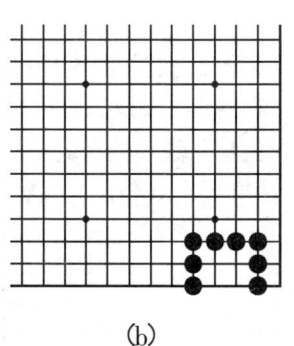

(a)　　　　　　　　　　(b)

图 5-9

如图 5-10,走黑 1 是想在角上得到较大的地盘,但给白方留有侵入的余地。白在 A 位打入,结果至少是劫活,黑反倒事与愿违。要想守角,黑 1 应走在 B 位是好形。

在布局阶段应当尽可能把棋子分布在全盘各个有利的部位,配置疏密要适当,棋形要舒展。

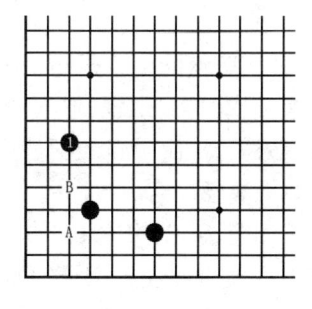

图 5-10

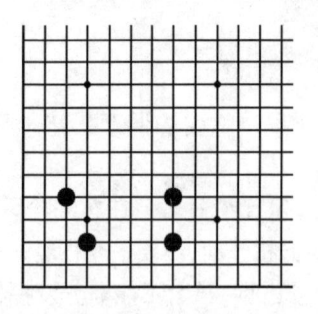

图 5-11

如图 5-11,与图 5-9(a)比较,同是四个子,但图 5-11 走得舒畅。

如图 5-12,双方棋子配置都是好形。黑方走得坚实,实地较大。白方占据了边上的有利部位,棋子配置得灵活舒展。如黑方走在 A 位,白方要在 B 位跳起,否则黑有在 C 位打入的好点。

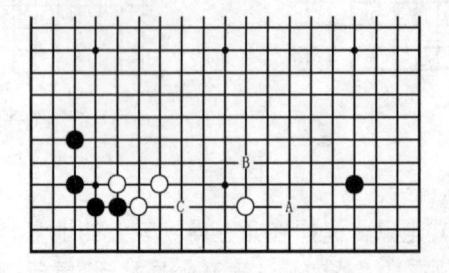

图 5-12

(2)高低配合　开局一般都走在边角的三、四线上。三线叫低位线。比较容易取地,但不利于控制中腹。四线叫高位线,比较容易取得外势,控制中腹,但不利于占地。因此要三线和四线互相配合,这叫做高低配合。

如图 5-13,黑方 1、5、7 三着就是高低配合的好形。在整个一盘棋中都要时刻注意棋子的配置,不能脱节,根据具体情况,做到前后呼应,紧密配合,使子力充分发挥作用。

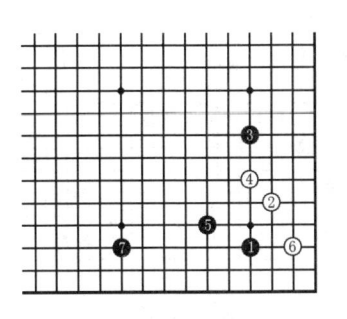

图 5-13

3.建立根据地

所谓建立根据地,就是使一块棋具有两个以上的眼位,即成为活棋。否则就成了一块孤棋,若受到逼攻,后患无穷。有关根据地之着,同样是布局上的大棋。如前面图 5-13 黑 1、5、7 三个子和白 2、4、6 三个子都有了眼位,特别明显的是白小飞抢角,就是为了建立根据地。又如图 5-14 A 位是一着有关双方建立根据地的大棋,初学者绝不可忽视。

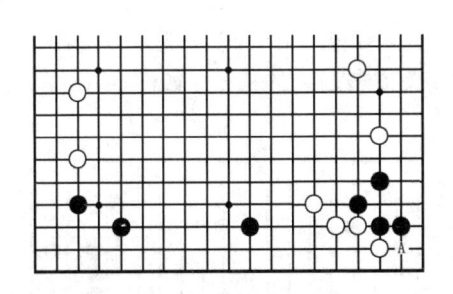

图 5-14

4.拆地与夹攻

1.拆地:在边上不论向左或向右发展,都称为拆。

拆地一般都在三、四线上。布局阶段在三线上走拆二为好棋型,如图5-15(a)。立二可以拆三,如图5-15(b)。立三可以拆四,如图5-15(c)。立的子数越多,势力就越强,可以控制的范围就越大。

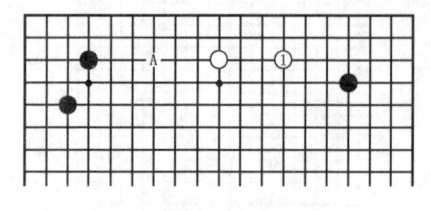

图5-15(a)

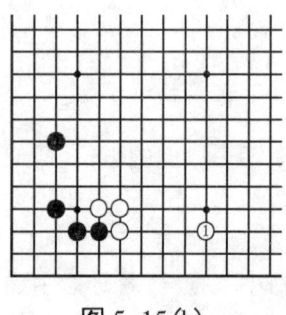

图5-15(b) 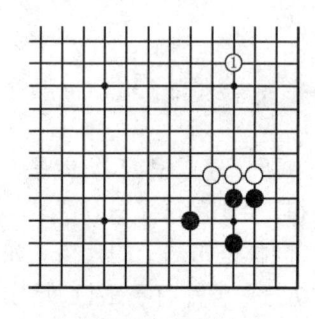   图5-15(c)

另外,拆地还应注意两个问题:一是一般不要接近对方的厚势,以免遭受攻击。如图5-16(a),白应于A位拆二,不应在B位拆二。二是拆地兼攻击对方的孤子。如图5-16(b),白1是拆兼攻的好点。

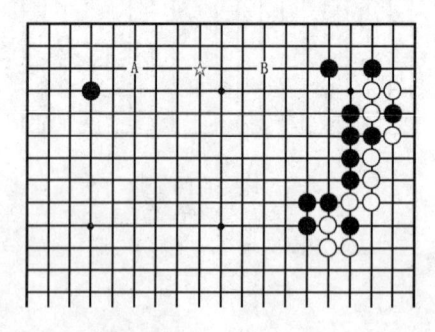

图5-16(a)

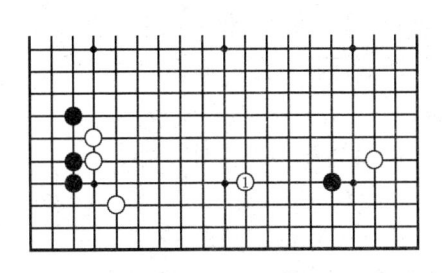

图 5-16(b)

2.夹攻:就是配合角上一子夹击对方一子,叫夹攻。在三线上夹攻叫低夹,在四线上夹攻叫高夹。根据距离的远近和高低去夹攻对方,一般有六个部位。如图 5-17,走黑 1 叫一间低夹,A 位叫一间高夹,B 位叫二间高夹,C 位叫二间低夹,D 位叫三间高夹,E 位叫三间低夹。除此六点外,如果走的距离再远一些,就起不到攻击的作用,不能称为夹攻了。夹攻的目绝不是一定要把对方吃掉,而是为了阻止对方拆地,破坏对方边角势力连成一片,同时借夹攻对方使自己能够拆地,如图 5-16(b)就是很好的例子。拆兼攻是攻守兼备的好着,容易取得全局的主动权,所以是高手下棋经常采用的手段。

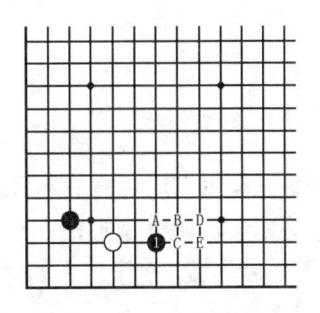

图 5-17

3.分投:在对方阵势中选择左右都有拆二余地的着点投入,叫做分投。如前面图 5-15(a)白 1 子叫做分投,如黑在白 1 位拦住白就在 A 位拆二。又如前面图 5-16(a)白☆子在 A、B 两点均可拆二,就是分投的好点。在布局阶段,分投能够有效地防止对方夹兼拆,破坏对方阵势连成一片,而自己又能较安全地立在其中。选择分投点注意不要在靠近对方厚势的地方拆二。如图 5-18，这样白子拆二太贴近黑方厚势，反觉不安。要选择最大限度地限制对方阵势扩展的分投点，如图 5-19。

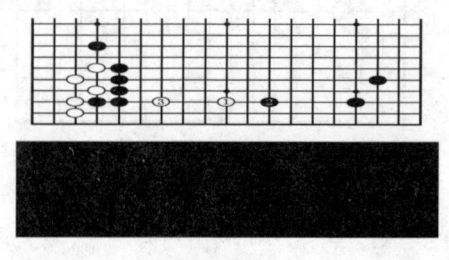

图 18

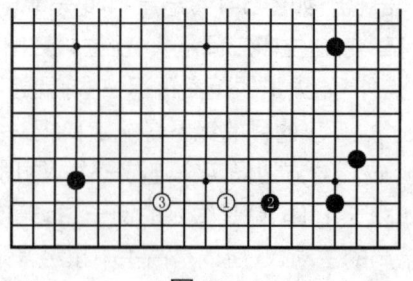

图 19

5. 实地与外势

所谓"实地"，就是已经占有而对方又不易攻入的地域。

所谓"外势"，是在对方实地外面形成一个比较大的势力范围，但还没有取得完全肯定的地域。有了较大的外势，可以构成大模样或开拓较大的地域。

如图 5-20，白 1 利用右上角的外势开拓较大的地域，还可以逼攻对方。

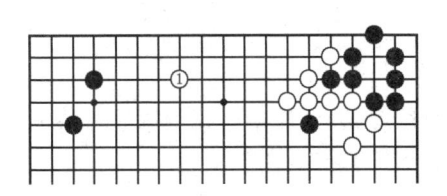

图 5-20

如图 5-21,黑 1 利用右面的外势,既拆地又逼攻白☆一子。实地与外势在一般情况下是对立的,在对局中,什么时候占实地,什么时候取外势,要根据全局形势来决定。虽然每个人的棋风有所不同,有人喜欢外势,有人喜欢实地,但都不能过分。

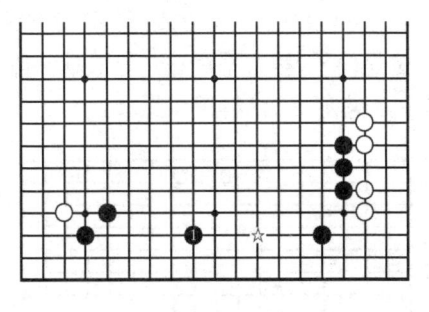

图 5-21

如图 5-22,白方仅得 20 目的角地,反使黑方的外势过大,白不可这样走。

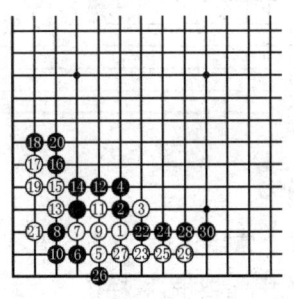

图 5-22

6.定式的运用

定式的种类很多,在对局中必须根据具体情况灵活运用。怎样选用呢?应考虑以下几点:

能否同邻角邻边己方的着子互相呼应,形成一个比较理想的阵容?

能否破坏对方比较理想的阵容?

能否在走完一个定式时得到先手,争取占领其他要点?

能否贯彻自己的布局意图?

征子是否有利,等等。

如图 5-23,在上角星位有黑子的场合下,黑方采用这个定式是可以的。如果星位是白子,黑方采用这个定式就不能构成大模样,而白方在下边所得的实地较大,这样黑棋受损。

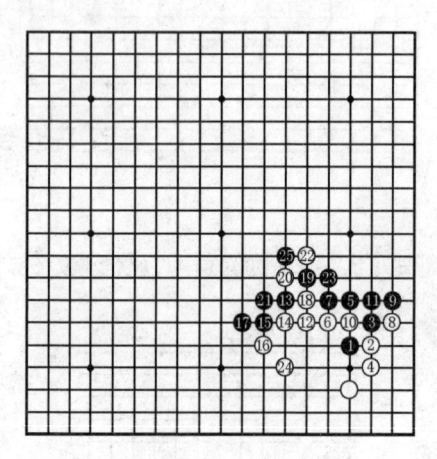

图 5-23

如图 5-24,这是个常用定式,双方均无不满。黑方角上很坚实,白方占领黑方两角的中间地带,破坏了黑方连成一片的大阵势。

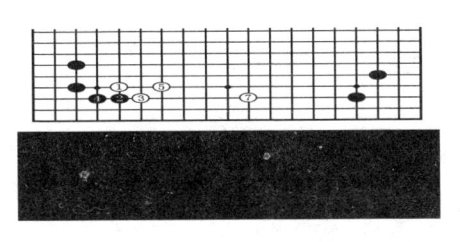

图 5-24

如图 5-25,这是一个简单的二间高夹定式。白 4 二间跳就是为争得先手,占据盘上其他要点,或在 A 位夹击黑 3 一子。如图 5-26,黑方在对角上有一子,征子有利,因此黑可在 13 位立下。如果白在 14 位断,演变到 31 止,白方六子被吃掉。黑方在征子不利时,黑 13 不能立下,只能在 22 位虎。

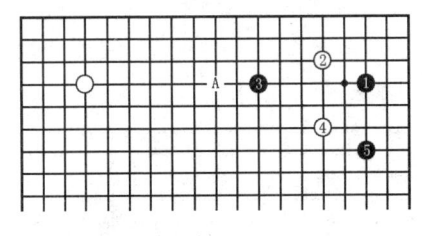

图 5-25

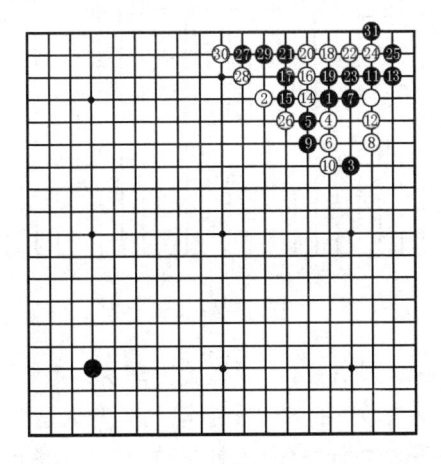

图 5-26

7. 怎样布局利己

布局是不是一定有什么"套路"？什么布局"最厉害"？

这个问题的答案就是那个古老的寓言："以子之矛，攻子之盾"。

布局的精华是找到自己和对手棋风之间有利于自己发挥长处、抑制对方优点的结构。

当然，如果在布局中走出一些局部大错的着法，也就没有成功可言。因此，原则上说，围棋给初学者所提供的布局创造空间是所有棋类中最大的。如果初学者一开始就局限于某种布局，一味以为只要设布局陷阱就可以立而不败，那是大错了。

中国古代的布局，好长一段时间实际上是"对角星"。这虽然在棋的精彩方面有所遗憾，但是却刺激了对攻技术的极大提高。另一方面，对角星也没有什么不合理的地方，在现代比赛中偶尔还可以碰上。

请看下面一局棋（图 5-27）。

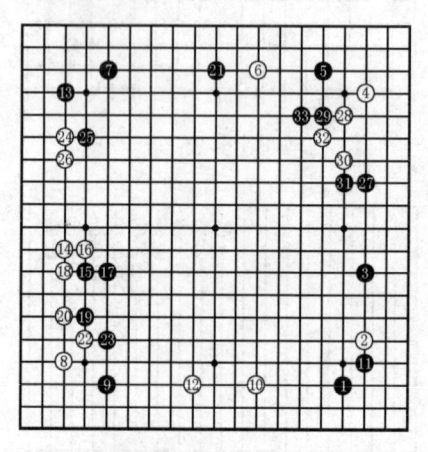

图 5-27

白方是四世本因坊，日本围棋史上尊为"棋圣"，誉为"古今无双"、具有"十三段棋力"的大棋士道策。黑方则是他的老师本因坊道悦。你看，一开始白就挂角，黑就夹攻，第二个角也一样。他们二人之间也没有什么"客气"，"礼让"，下棋就是下棋。且不说结果如何,开始是完全没有"现代章法"的。

甚至在布局一开始的时候,棋手的棋风不同,一个局面的评价也互相矛盾。图 5-28 是在第一届中日围棋擂台赛中聂卫平执黑对日本小林光一九段的关键一局。当时聂作为中国方面的主将,一上台就碰到自己从来没有赢过的小林光一(而且小林的后面还有一位聂也从未赢过的加藤正夫)。聂如果输了任何一盘,中国队就输了。在这样巨大压力下,聂做了极其认真的准备。但是一开局,有人就评论聂的黑棋不见得好,有人干脆说聂已经落后。因为,按照通常的原则,执黑棋很少人主动把自己的布局搞成对角型;黑 19 一子又被"开花"提掉,白 26 围起的模样实在太大了。

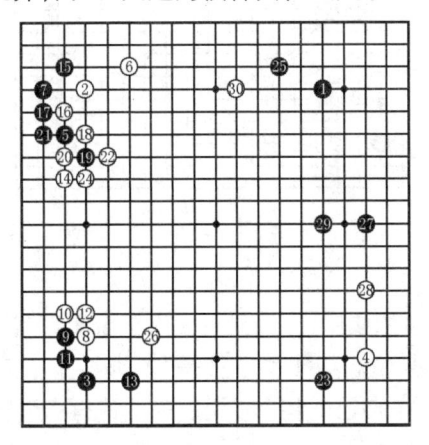

图 5-28

但是他们忽略了一个事实:这是聂卫平和小林光一的对局。而正是聂卫平研究了小林所有几百局棋以后,找出了他对角布局战斗力较差、善于取实地而不善于围外势的弱点。

所以,这个布局尽管对于别人而言未必有利,但对于聂卫平和小林来说是再适合不过了。后来聂能够在复杂万端的局势中驾驭得比较从容,是和一个适合自己特点的开局战略有很大关系的。

也是在同一次擂台赛,最后的主将决赛。日本方面的藤泽秀行先生虽然曾经是首屈一指的六届棋圣,但毕竟年纪大了,并且曾多次输给过聂卫平。雄心不老的藤泽先生一开始就弈出了白2"三三"的奇招，使布局的形势倒退到几乎二十年前，聂卫平大概对此并无太多准备吧。接着第14手的托角和第16手的断，也几乎是奇着。进入中盘的时候，聂卫平几乎并无优势可言。（如图5-29）

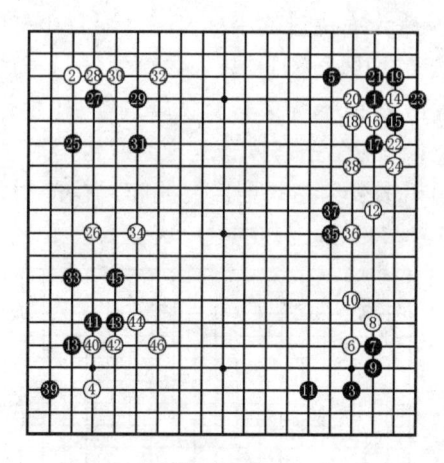

图 5-29

在业余棋手的棋中，布局只要大体符合棋理就可以了。特别追求和盲目模仿某位超级棋手往往是"邯郸学步"，结果不明白人家的用意，又丢掉了自己的特点。说起来也许有点奇怪，在这一点上，专业棋手是非常羡慕业余爱好者的。他们不止一次地表达了这种想法，在压力小一点的时候，他们也喜欢搞些独立性和趣味性比较大的布局。

如图5-30是中国"天才棋手"马晓春对上海倪林强七段的一盘棋。倪七段不循常规，以天元开局，马晓春不甘示弱，在一旁小飞挂。两人斗智斗气，落子如飞，完全不照普通章法，攻防相当激烈。在一旁观战的人还没有看出所以然的时候，马九段突施杀手屠龙成功。（如图5-31）

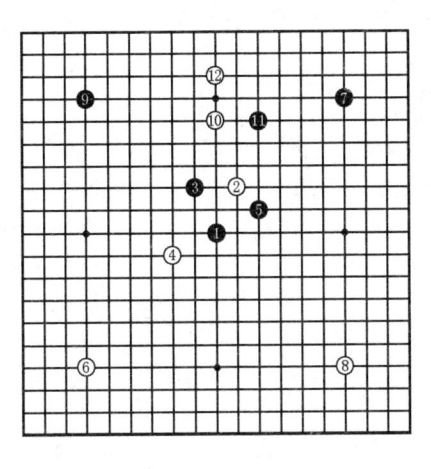

图 5-30

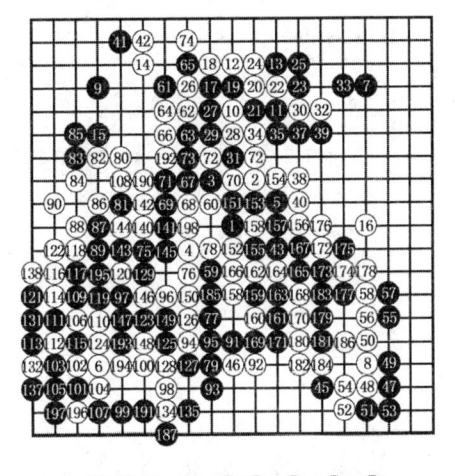

图 5-31

⑬⑭⑱=⑫ ⑬⑲=⑮ ⑱=⑬

再如武宫正树,是中国棋手"最不怕"的超一流。他崇尚行棋时在中央一带的"豪华感觉",发明了著名的"宇宙流"。这种流派本身在行棋的意图和美感方面是无可挑剔的。然而因为过于强调流派的特色,胜率就有一些问题。这也就是武宫本人虽然棋力高强而在日本的头衔不多的缘故。他的棋深受业余爱好者的欢迎。

这是他和聂卫平在中日围棋擂台赛上作为双方擂主决战时下的棋(如图 5-32)。不难看出,即使是这样重大的比赛,武宫也毫不胆怯,依然采用以华丽豪放著称的"宇宙流"。前面几手黑棋完全是他每一盘开局的标本。至黑 37 飞起的时候,黑棋全盘既厚实又灵动,气韵流畅。如果他赢了这盘棋,这个布局就会成为经典。不过在之后的对弈中,聂卫平较好地掌握了形势,把局面主动权控制得很好。

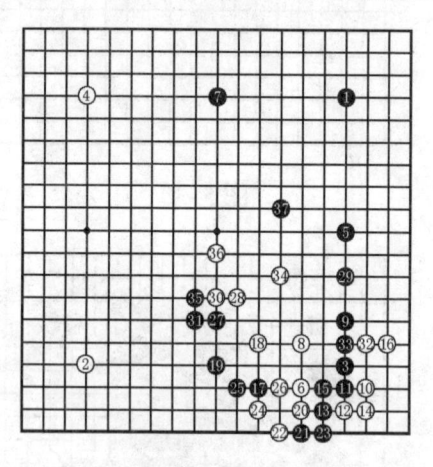

图 5-32

8.三路好还是四路好

初学者看到布局的时候大多数棋都是下在三路或者四路,不免常会产生疑问:"到底三路好还是四路好?"

过去有一个图形(如图 5-33),被一些书用来说明三路比四路优越的原因。说明是这样的:在三路下的棋取得实地,一共是 $19^2-13^2=361-169=193$。也就是说,占了三线要比占四线多得到 192-169=23 点!

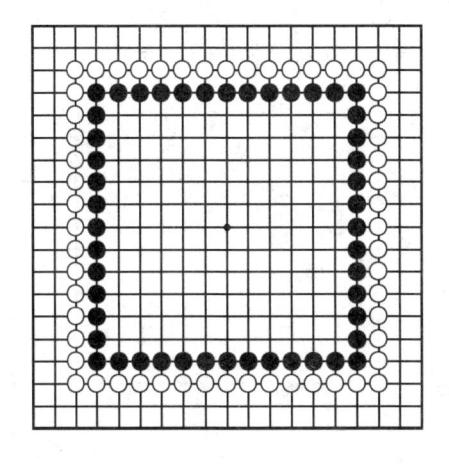

图 5-33

可是,且慢!这 23 点是怎么得来的?围住三线的大圈子用了 $4×14=56$ 个子,而围住中央的小圈子只用了 $4×12=48$ 个子,所以两者的差距竟然有 8 个子!如果承认两者差距有 8 个子(相当于被让 8 手),那当然不好争胜负啦。我们知道如果现在的围棋贴目制度合理的话,每先行一手是要贴 $3\frac{3}{4}$ 子的!所以还是四路围的效率要高些。

有意思的是,如果我们进行四路和五路的比较,结果可就差太多了!五路围的一方围住一个 11 见方的 121 点格子,用了 40 步棋;而四路围的一方用了 48 个棋子,围的地盘达到 240 点,几乎大了整整一倍!我们的直觉也这样告诉我们,五路下棋是太空一些。

回头再来看四路和三路的争夺:虽然四路效率高一些,但是四路的地盘毕竟有限,而三路还是很不错的!这就是近年来布局以四路开局的"中国流"(开始的两个子共 4 个坐标,有 3 个坐标在四路,一个在三路)、二连星(4 个坐标都在四路)要比单纯的小目多的原因。而"三三"现在几乎见不到了,用夸张的话说:"好像要从棋盘上掉下去一样"。

围棋的星放在四路而不是放在三路,不是偶然的。古代的坐子放在四路也不是没有考虑的。

现在我们来看各种布局类型的守角法。我们既然知道围棋的三路和四路最重要,当然更说明角的重要性。守角的方法有图 5-34 中所示的几种。

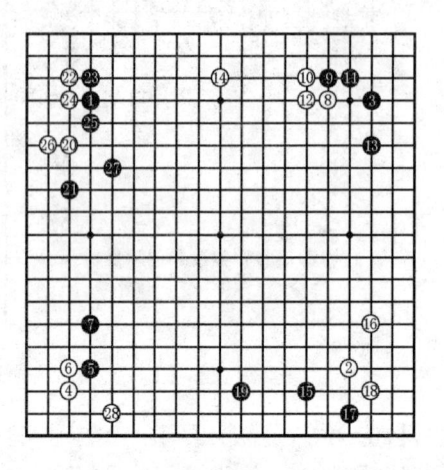

图 5-34

对于每一个角的进攻或者分割,一般也是从对方要防守的点开始的,这在围棋术语中称为挂角。这张图说明了四个角的一般开局情况。为了说明"三三"的情况,我们用了白 4 这着棋,它看起来有一点像上世纪 50 年代左右的布局。黑棋选择白棋最软弱的三三为进攻的第一步,在两手的攻防中,把白压缩在比较矮的地方。

这样每一个角落的合理组合,在围棋术语里叫做定式。定式是经过专家研究的合理结果,反映了双方最佳的次序,一般也是双方可接受的结果。

二、大场知识

大场就是大处的意思。具体地说,就是在布局阶段,除占角、守角和挂角是大场外,凡是可以扩展自己的势力范围,或可妨碍对方扩展势力的地方,都称为大场。

1.四边的中心点附近

1.在对方占据相邻两个角时,边上的中心点附近。如图5-35白1是大场。

2.自己占据相邻两个角时,边上的中心点附近,如三连星的中间一子是大场。又如图5-35,如果黑走白1的位置也是大场。这可使黑方势力连成一片。

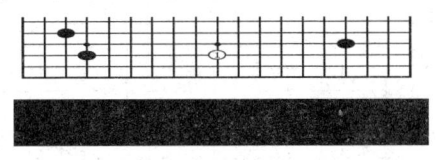

图 5-35

3.相邻的两个角,双方各占一角时,边上的中心点附近,也是大场。如图5-36的A、B、C、D各点都是大场。

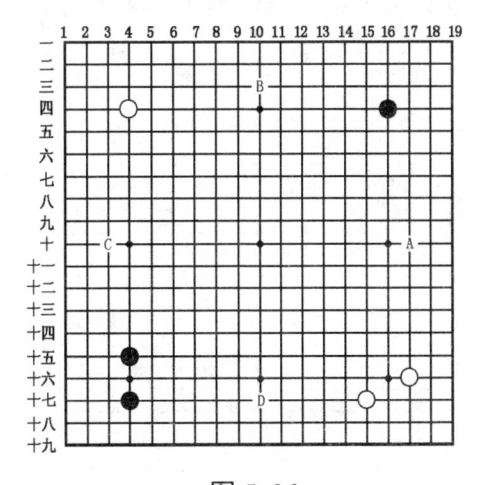

图 5-36

2.拆兼攻

如图5-37,白1开拆得地,同时还攻击上边两个黑子,是这时盘上最好的大场,不能轻易放过。如果白1改在A挂角,黑必在B位挂角,以补强上边。

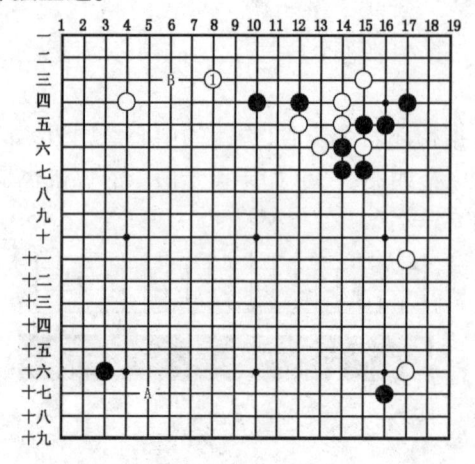

图 5-37

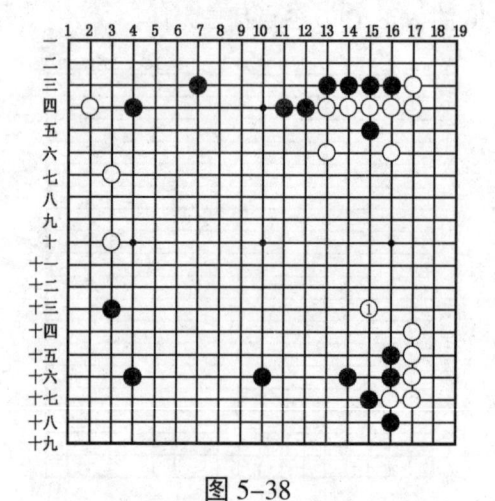

图 5-38

3.要　点

在双方互有大形势的情况下,一着棋既能扩张自己的大形势,又能削弱对方的形势,这种全局性的好点,叫做形势消长的要点,围棋术语叫"天王山"。如图5-38,白1是双方形势消长的要点,无论被哪方抢占都是盘面上绝好的大场。

4.大　棋

凡是能扩大自己地域和势力，或能限制对方地域和势力的地方，如图 5-39 白走拆一后,使自己边上的拆二得到加强和扩大,而使黑的右下角受到限制，变得单薄。所以白 1 的价值不能单从拆一的大小去估量。这就是关系双方劳逸的大棋。

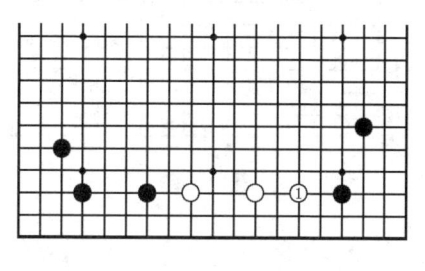

图 5-39

三、布局类型

1.平行型布局

双方各占相邻的两个角,叫做平行型布局。这种布局偏重于取边角实地,较为平稳简明。按照布局通则,占据要点,抢占大场,有时能各自连成一片,形成较大模样,这是广大棋手所喜欢的布局类型。它大致分有错小目守角型、星小目守角型和三连星布局等三种常见型。

1.错小目守角型:分高挂和低挂两类。图 5-40 是错小目守角型的高挂类。右下角白 6 高挂后至 12 止是最常见的定式,也是这种布局公认的走法。双方都无不满。

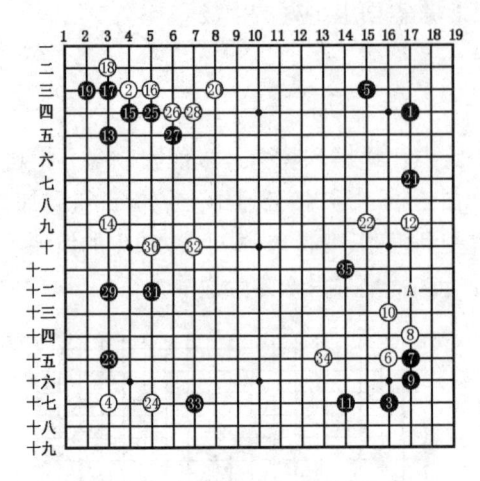

图 5-40

在左边，由于白方相邻两角的位置不同，变化较多。除走定式外，没有固定的边角常型。

本图中，白对黑 13 挂角的夹攻方法很多。白 14 采用三间低夹是较松缓、留有余地的着法。至白 20 是定式，双方都有了根据地。黑 21 是大场，不仅加固了无忧角，还存在 A 位打入的好点，如参考图（一）所示。

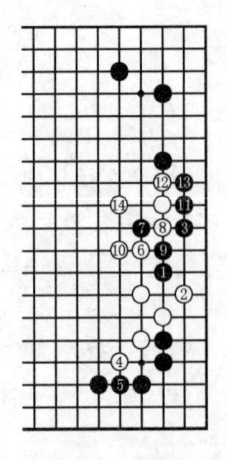

参考图（一）

因此白 22 跳起是为了防黑打入并向中腹发展形势。黑 23 是破坏白左下边的地域连成一片,但也可按参考图(二)的走法。

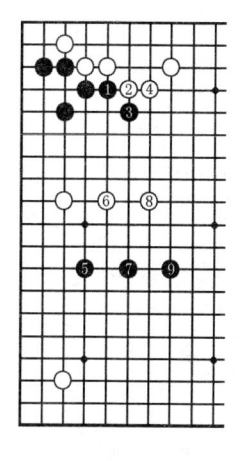

参考图(二)　　　　　参考图(三)

黑 29 拆二安定了自己,同时威胁白 14 一子。黑 33 紧凑地向白左下角施加压力并想取得下边的实地。白如跳出便成参考图(三)。

这样左边白☆三子将受影响,同时黑 4 又取实地,而白方没有什么收获。因此白 34 以扩展右边的阵势来应对。

黑 35 如按参考图(四)的下法取实地,白得外势,并同左边白☆三子相呼应,黑不满意。所以黑 35 打破常规侵消白势,由此进入中盘战斗。

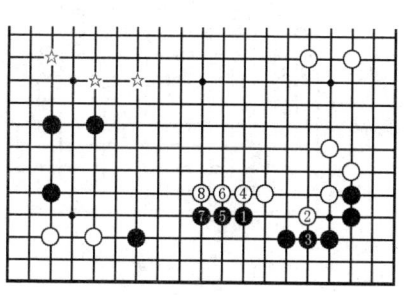

参考图(四)

如图 5-41 是错小目守角型低挂类的布局常型。

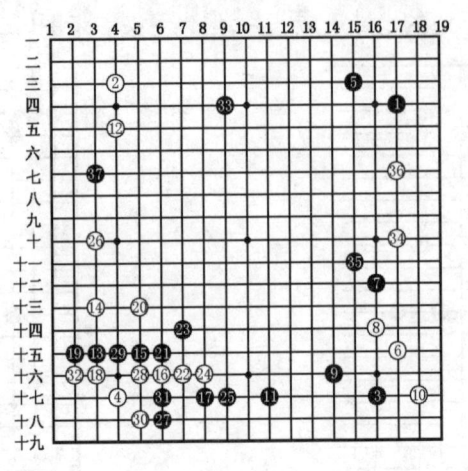

图 5-41

2.星小目守角型:就是黑 1 走星位,3、5 在相邻角走无忧角。它有正分投,如图 5-42;偏分投,如图 5-43;不分投,如图 5-44。

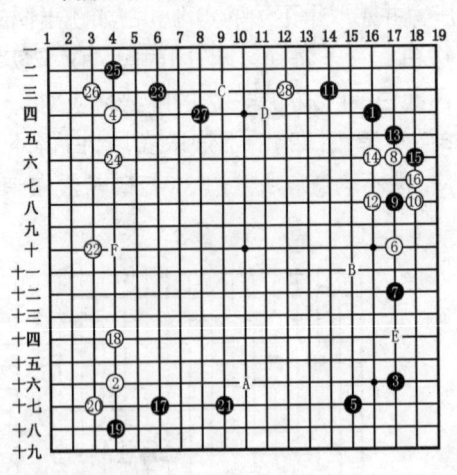

图 5-42

图 5-43

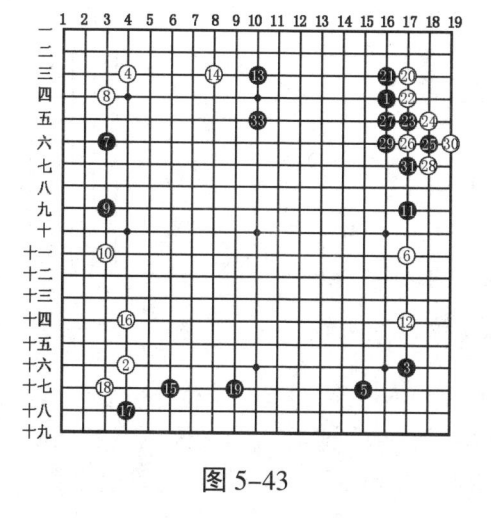

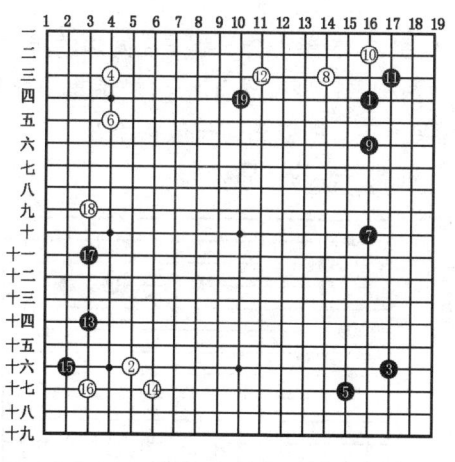

图 5-44

图 5-42,白 6 走在"17、十"路位置上是正分投。它破坏黑方的地势,是很重要的大场。黑 7 从无忧角的方向拦是当然的。8 至 16 的走法是这种布局中最常见的型。如按参考图(一)的走法是常见的。但白方如按参考图(二)的走法,就给黑方留下很多借用的手段。黑 19 也可走在 A 位。黑 27 如在 C 位拆二,白可能在左边构成

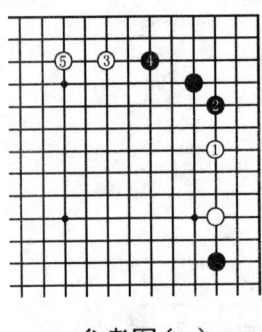

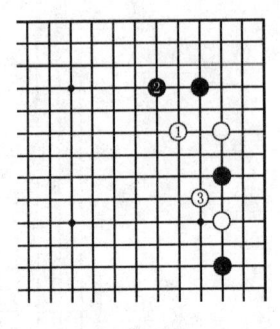

参考图(一)　　　　　　**参考图(二)**

大模样。白 28 如不打入,则黑在 D 位补也很大。至此是这盘棋的简单布局。以后白方有可能在 A 位尖侵,E 位打入的手段。黑方也有在 F 位侵消白方的办法。这是进入中盘阶段的要点。将来黑在 B 位飞也是好点。

3.三连星:图 5-45 黑 1、3、5 都走在同边的星位上,叫三连星布局。它与前面两种平行型布局有所不同,偏重于取势。如果白方在上边投子,就要受攻。所以白方一般都不在 1、3、5 之间投子,这就让黑方造成一种大模样的布局。

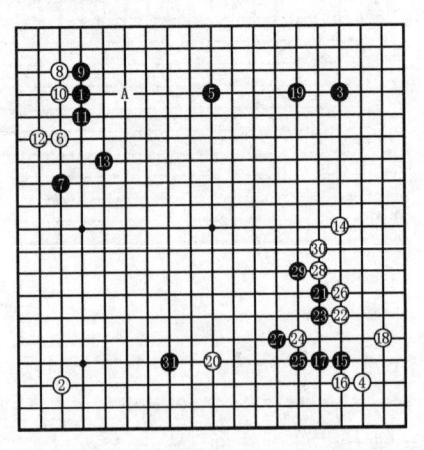

图 5-45

白 6 挂角后,黑 7 如在 A 位关,则成参考图(一),也是常见的类型。从黑7至13是常见定式。白14是双方争夺的大场。黑15减弱白方的势力至18是"3、三"定式。

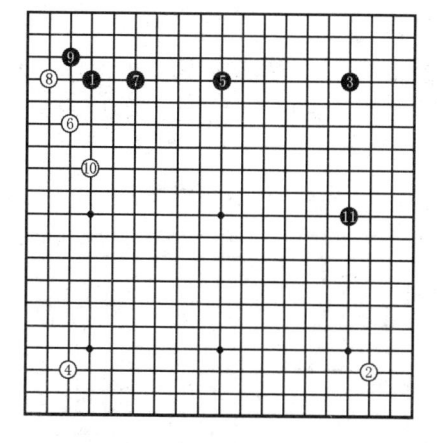

参考图(一)

一般应按参考图(二)或参考图(三)把这个定式走完。黑19如果继续走完定式,就要落后手,因此脱先,在上边关出,继续贯彻三连星的大模样布局。白20是大场,并逼攻黑两子。从21至30,黑方是为了安定自己,白方是借攻黑方而捞取实地。黑31反攻白20是积极的走法,这样就进入中盘战斗。

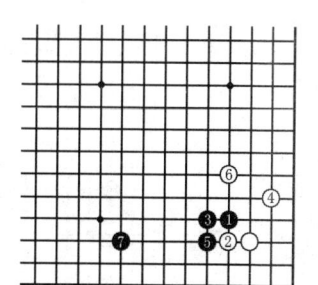

参考图(二)　　　　**参考图(三)**

2.对角型布局

双方各占两个对角,成交错的形式,叫做对角型布局。它大致分成对角星和对角小目两个类型。

对角星布局:很多"力战型"棋手都喜欢走对角星布局,但初学者会感觉不太实在,容易落空。其实,如能掌握它的规律和特点,就会给对方较大的威胁。对角星布局的第一个特点是速度快,便于向边和中腹发展。它一手占一个角,因此黑5就必然挂白角,而不会是守角。这就决定了它的第二个特点——积极主动。对角星布局大体分为:白夹攻型,如图5-46;白守角型,如图5-47。

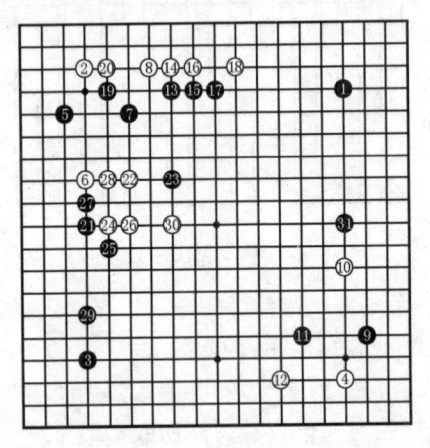

图 5-46

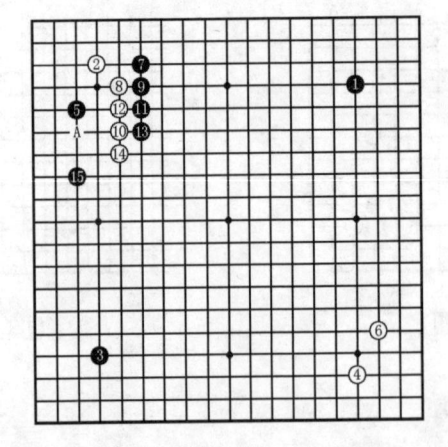

图 5-47

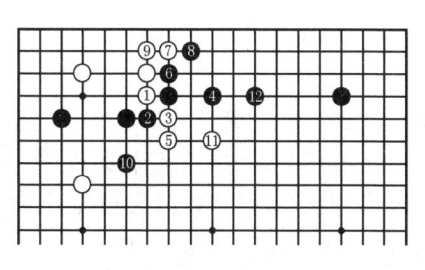

参考图

如图 5-46，白 6 夹攻黑 5。5~8 和 9~12 是同一个二间高夹的定式，就是要利用对角星的威力，对白 6 和白 10 两子进行夹攻。黑 13 先对上边白棋进行飞压，先手取得外势。至黑 21 转身来攻击白 6 一子。如果黑 13 飞压后白 14 冲断，则演变成参考图，至 12，黑上边已得不少地盘，白显然不利。黑 23 镇，控制中腹。从白 24 压，黑 25 扳，至 29，黑很容易地在左下边与星配合，构成理想形。这时，中腹白棋并不算安定，还要继续逃出。黑 31 就转身夹攻白 10 一子，掌握了全局的主动权。

如图 5-48 是对角小目型的一盘布局。

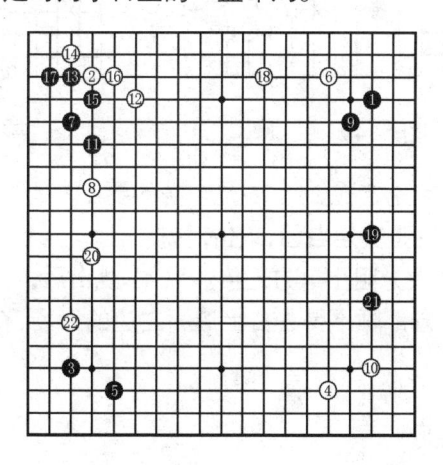

图 5-48

3.互挂型布局

如图5-49,到黑7为止,双方相互挂角,叫互挂型布局。

这种布局不像平行型或中国流那样有规律,比较复杂多变。采用夹攻的定式较多,双方都很难构成大模样,往往都顾不得去占据大场就卷入急战。本图就是很好的一例。

白8采用一间高夹是使对方不能反夹。否则按参考图,黑无论在A、B位反夹,被白在1位压就很难下。

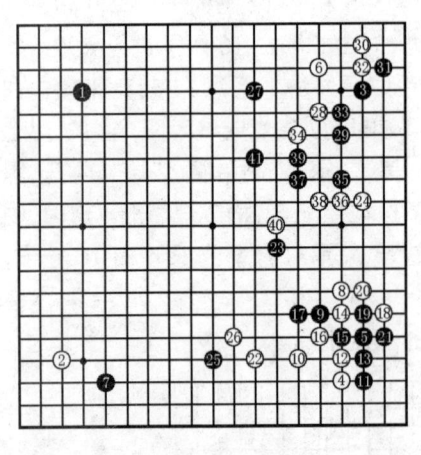

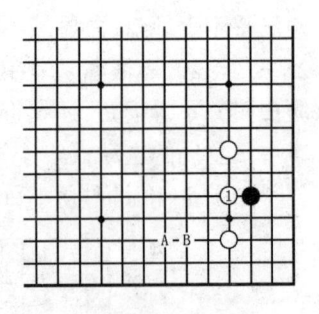

图5-49

参考图

至24是常见定式。黑25是攻防的要点。黑27二间高夹后至35,双方的意图是安定自己,攻击对方。

36至40白方阻止黑方连接。黑41跳出后,白右上角也不安定。现在,双方都顾不得去占上边和左边的大场,在对攻中进入中盘战斗。

4.秀策流布局

本谱黑1、3、5三着占据错小目,称为秀策流布局,也叫"1、3、5"布局。这种布局是一百多年前被誉为日本"棋圣"的秀策创造的。

从那时起,提出和总结了以三线为地域线,以四线为势力线,并以先占小目,继而守角、挂角和推进全局的布局理论。

秀策流布局至今在高手的实战中还经常出现。图 5-50 是秀策流布局的一例。

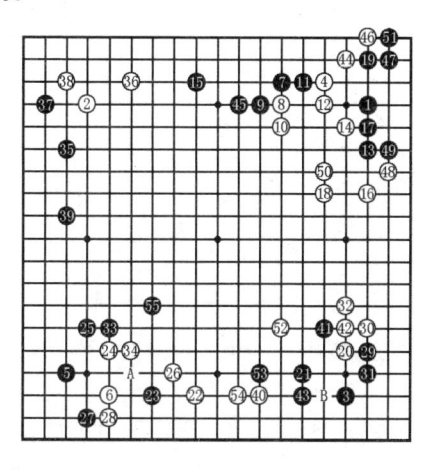

图 5-50

白 6 在 29 位挂角,也是常有的。

黑 7 选用一间夹的走法,积极主动。白 8 以下是定式。黑 13 如按参考图(一)的走法是定式一型,但白配合左上角的星攻黑棋,配置很理想。

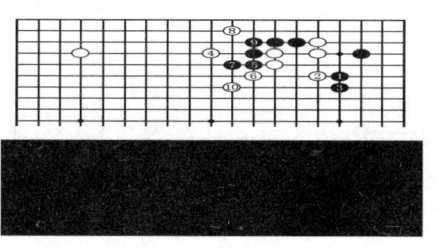

参考图(一)

白 16 如按参考图(二)的下法,至 8,白虽得角地,但结果黑有利。白 16 如按参考图(三)的下法,虽可征一子而取外势,但黑有谱中A位引征的严厉手段。白16夹,至19也是定式。

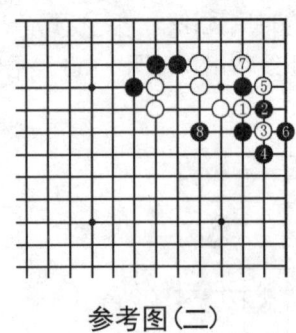

参考图(二) 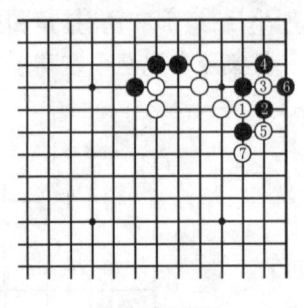　　　　　参考图(三)

白20配合16、18挂角是绝好点。

黑21飞起时,白22如照参考图(四)的走法虽然很大,但被黑争先于左下夹攻严厉,故白22拆三是好点,并准备下一手在左边反夹黑5一子。黑23打入是弃子战术,先手把左下角加强免受夹击。黑29、31先手托角,实利很大,然后于左上挂角,以下至39是常见定式。白40拆是好点,下一手要B位跨,很严厉,黑43补强。白44防黑渡过不但实利大,而且还有攻击上边黑棋的作用。黑45补强自己,同时瞄着50位靠出。

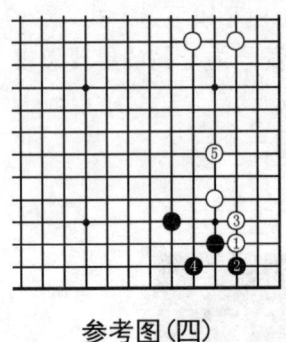

参考图(四) 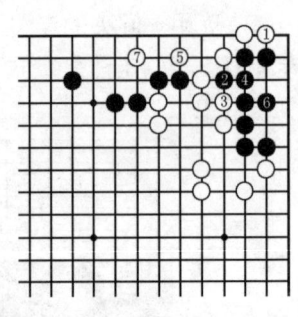　　　　　参考图(五)

白46、48先手得利后,50补强,黑51不得已,如不补则成参考图(五),黑成活很苦,被白7跳入,黑上边一块棋将受到攻击。

白52是扩张自己势力的好点。

黑53先手压后,55飞起也是好点,不但限制了白的势力,同时也扩张自己左边的势力。

至此布局终了,将进入中盘阶段。从局势上看,双方大致相当,黑棋也始终保持着先着的效力。

5."中国流"布局

1965 年,我国围棋访日代表团在日本的首场比赛中,采用了一种新型布局,即第一着走星位,第三着走邻角的小目,第五着走"3、九"路位置。几年后,这种布局在棋界受到高度重视,并广为流行,从此被称为"中国流"布局。

"中国流"布局的特点是:

1.图 5-51 中黑 5 的位置优越(黑 5 若下在 A 位,称为"高中国流")。

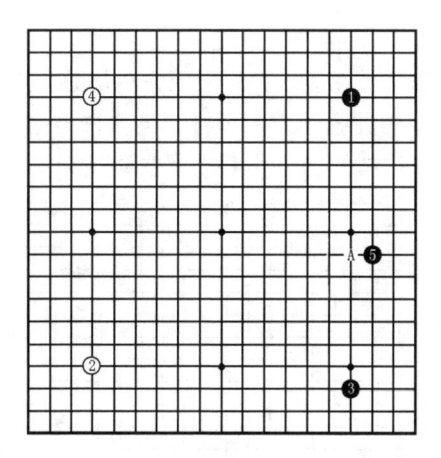

图 5-51

白方若在 1、5 之间或 3、5 之间投子,就按参考图(一)或参考图(二)的走法,使白方的棋型局促。

黑方跳起后,不仅威胁着白棋,还扩展黑方边上的形势。由此看出黑 5 一子的位置十分优越,它能有效地限制白棋在整个黑边的行动,使黑方能从容地走出两翼张开的好形。

参考图(一)　　　　　　　参考图(二)

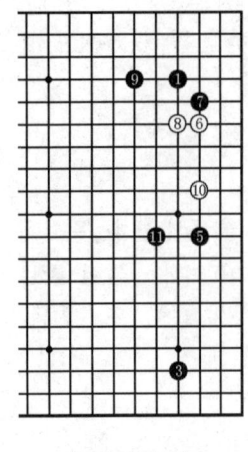

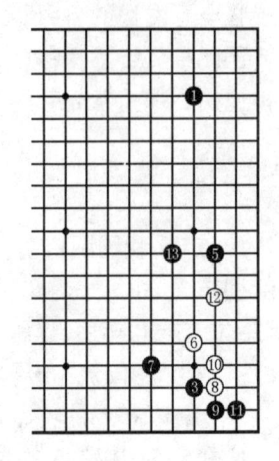

2.子力的效率高,推进的速度快。参考图(三)和参考图(四)是两种"中国流"布局的常型。它表明无论白从哪个方向投子,黑方都可以快速地构成两翼张开的大模样,迫使白方必须立即考虑打入或浅消大模样。这样黑方无疑要掌握主动权。

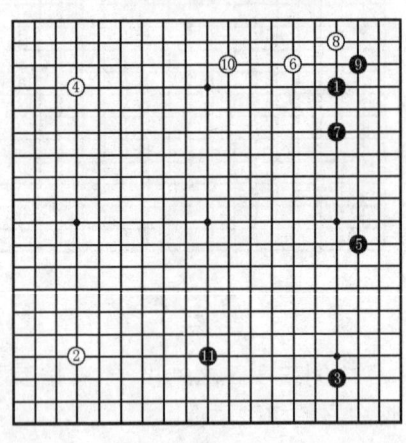

参考图(三)

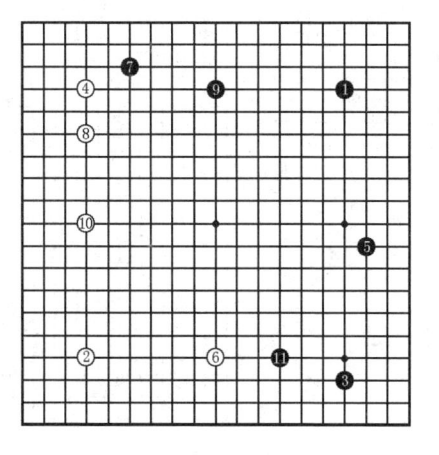

参考图(四)

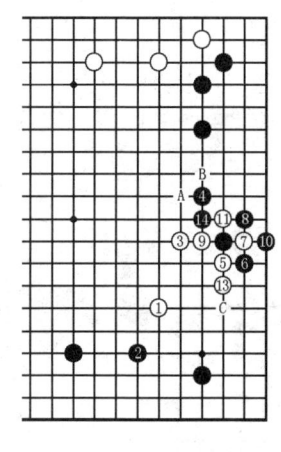

参考图(五) 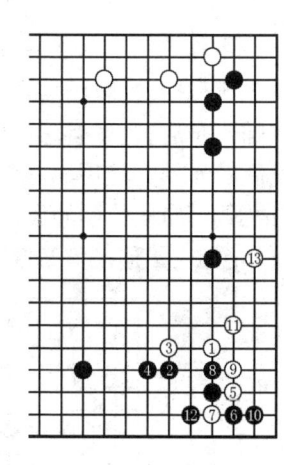　　　参考图(六)

两种"中国流"布局的特点各有不同。低中国流对限制白方在黑边扎根取地的作用大。如参考图(一)或参考图(二)所示。但容易让白方把地域压扁。如参考图(五)，白13也可先走A位，黑走B位，然后在C位补。高中国流虽可使白方不易浅消，但容易让白方在边角扎根做活。如参考图(六)或参考图(七)。

参考图(七)

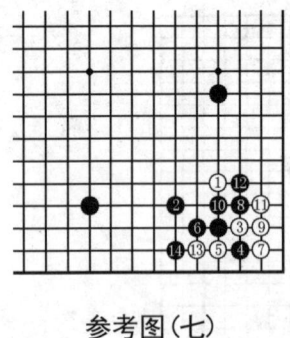

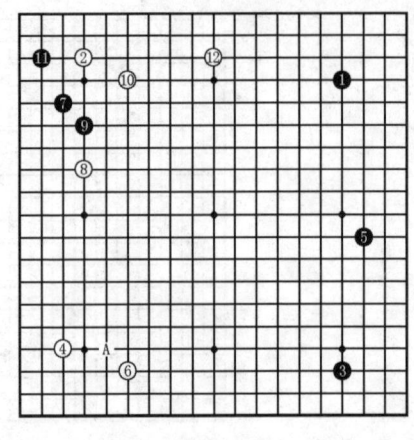

参考图(八)

破坏黑方走中国流的办法是如参考图(八),白2、4走错小目,引诱黑5来挂角,破坏黑方构成"中国流"布局的计划。如果黑5还走中国流布局,则成参考图(八),白6不但守角而且起限制黑向下边发展的作用。以后黑在7位挂,到12止,占据上边大场,达到限制"中国流"布局扩展的目的。

如图5-52是一盘高低"中国流"对抗的实战布局谱。

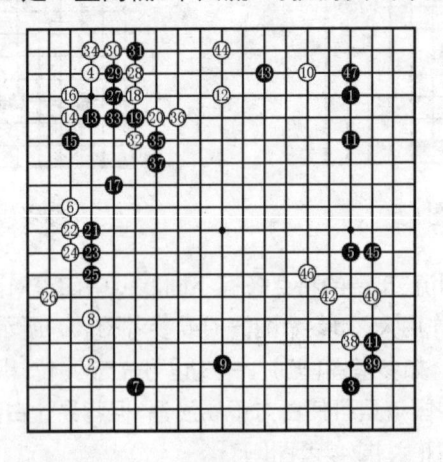

图5-52

第六章

基本定式

在角上，双方互相接触，甚至会进行激烈地争夺，直到告一段落，会发生许多变化。通过长期积累经验，总结出变化较为合理，得失大致均等，双方都能接受的定型，就是我们所看到的所谓"定式"。定式的数量很多，而且还在不断地发展和创新。如果在学棋过程中想背诵所有的定式几乎是不可能的，也是没有必要的。但是，记住常用定式，熟悉和了解它们还是必要的。以后只要具备一定的棋力就能够计算出来。

定式，当然不能理解为一定的下法，每个定式都有它自己发生和发展的创造过程。常有这种情况：对局者不能满意以往的定式而走出新的变化，再经过棋手们的研究、改进之后就产生了新的定式。

本章所介绍的定式都是较为基本和容易的，除了记住它们的次序之外，更重要的理解其意义，从而达到运用自如的境界。

一、星

第一型：图 6-1 的走法是星定式的基本型。白 1 的小飞挂是最常见的方法之一，黑 2 单关应也是最普通之着，白 3 和黑 4 都是重视实地先求安定的着法，白 5 拆二，黑 6 拆，告一段落，黑白都无不满。可以说这是星定式的最基本形状之一。

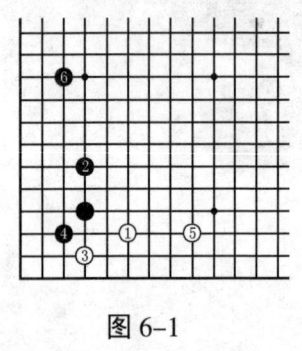

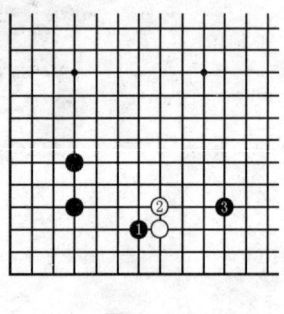

图 6-1

图 6-2

图 6-2 所示是在基本型中的白 3 如不走而脱先他投时，黑 1 先顶，待白 2 长后再黑 3 攻是要领。这并不是说能够吃掉白棋，通

过对白棋的攻击以收取利益的想法是十分重要的。

如图 6-3 所示是基本型中的黑 4 脱先他投时,被白 1 尖到三三不仅得空甚多,而且白棋立即取得安定状态。黑棋却失去根据地。所以,白 1 之点对双方来说都是好点。

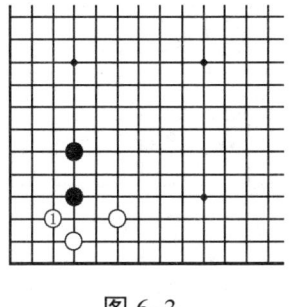

图 6-3 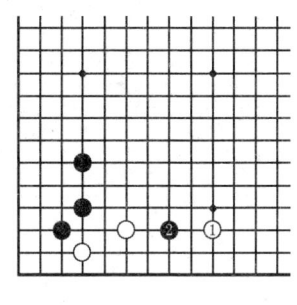　　　　　　　　　　图 6-4

如图 6-4 所示是基本型中的白 5 不能多拆一路,否则如本图黑 2 打入,白被分断,今后的作战局面断然不利。

图 6-2、图 6-3、图 6-4 都是为了说明定式的合理性。

如图 6-5 的黑 2 应以小飞也是定式之一。与基本型一样,白 3 飞、白 5 拆二。

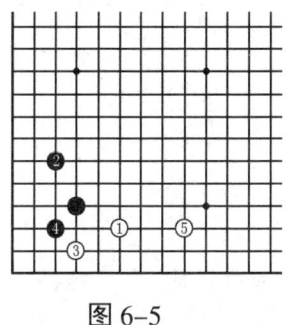

图 6-5 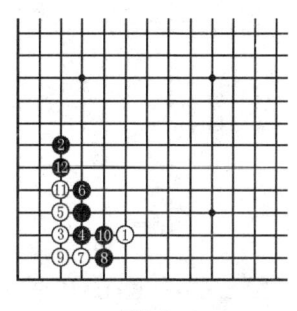　　　　　　　　　　图 6-6

第二型：如图 6-6 的白 1 挂角后,黑 2 大飞应,意欲多围些地,白 3 破坏黑棋意图而点入三三,以下到黑 12 止是定式一型。白侵占了黑角,黑形成了足以挽回角部实地损失的势力,可以认为是两分。

如图 6-7 的白 1 点角时,黑 2 从这边挡实地损失太大。白 1、3、5 占有角地并取得联络,而黑方所得外势难以与之抗衡。

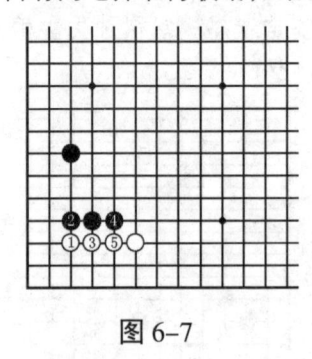

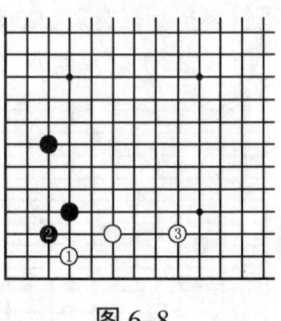

图 6-7

图 6-8

如图 6-8 的白 1 飞、3 拆也是定式之一,是白棋不愿黑棋成势之策。

图 6-9 白棋如不点角又不安定根据地的话,黑 1 则是既可确保角地又能做好攻击白一子的准备。像这样攻守兼备的黑 1,是好手。

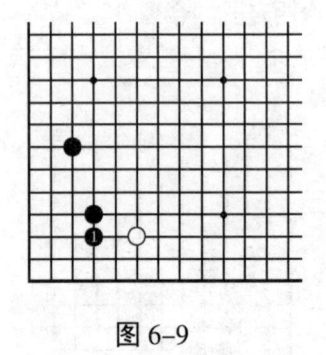

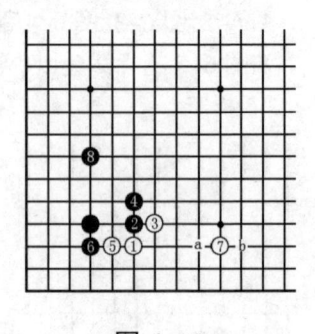

图 6-9

图 6-10

第三型:如图 6-10 的白 1 挂角后,黑 2 压出,白 3 扳,黑 4 长的下法叫做"压长定式"。这个定式非常简明,尤其是在让子棋中被经常采用,白 7 拆得到安定,黑 8 也补,告一段落。

白 7 也可以 a 位或 b 位拆,都要视当局的情况而定。

在这个基本型中,白 5 也有图 6-11 的白 1 的走法,黑 2 至 8 成外势后再于 10 位拆也是两分。

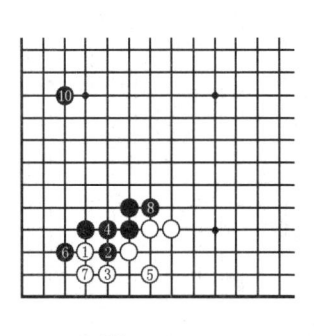

图 6-11 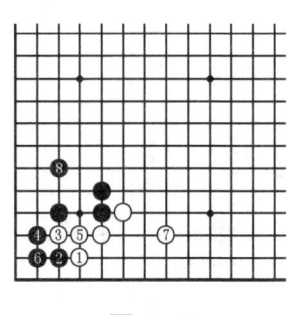　　　　　　　　　图 6-12

如图 6-12 的白 1 小尖也是压长定式的典型下法之一，其中黑 6 至关重要，白 7 补则黑 8 也补。白 7 如果不补，而强行于 A 位冲……

如图 6-13 的白 1 冲，黑 2 挡，白自撞一气，虽有 3 位先手打吃，黑 4 粘后，白 5 不得不立下以图吃角内黑三子，黑 6 断是强烈的一着，白不得不 7 打、9 长，黑 10 先打，再 12、14 将白压在二路，白要想吃掉黑角所花代价太大，真可谓得不偿失。

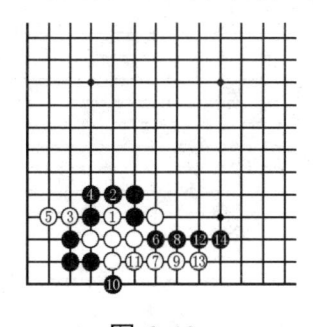

图 6-13 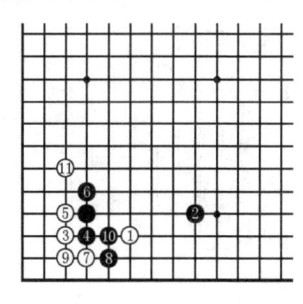　　　　　　　　　图 6-14

第四型：如图 6-14 的白 1 小飞挂时，黑 2 还可以夹攻，目的是想借攻白时取得利益。白 3 采取点角后转换的方法，放弃白 1 一子，夺取角地，瓦解黑夹攻的意图。到白 11 为止成两分之势。

如图 6-15 的白 1 跳是前图黑不补的常见走法。以下黑 2 至黑 6 是攻击要领，由于有★一子夹攻在前，作战仍是黑有利。

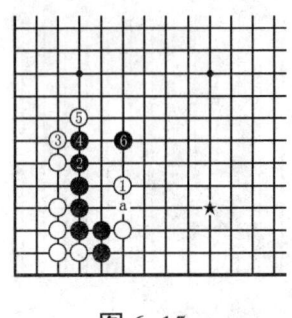

图 6-15

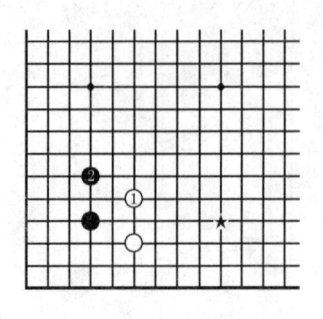

图 6-16

当然,如果黑不愿意白1也跳动的话,在a位补一手也是坚实之着。

如图 6-16 的白 1 不点角转换而单关逃出,黑 2 亦单关跳,白向外逃,正中黑计,黑★一子正处于有利的夹击位置。

如图 6-17 的白 1、3 虽能迅速获得安定,但是白 3 仅得拆一,过于狭窄,太消极。

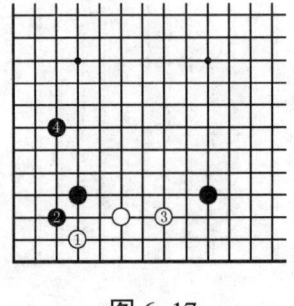

图 6-17

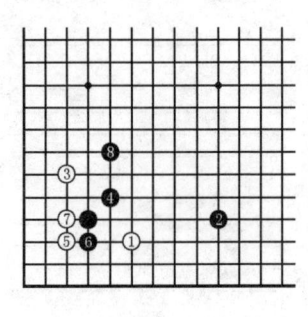

图 6-18

第五型:前型黑 2 夹攻时,白 3 可照图 6-18 的下法反夹,或白 1 挂时,黑 2 脱先,白 3 从另一方向再挂的走法,即是俗称的"双飞燕"。

对于这种双挂,黑 4 向中央小尖是简明之策。白 5 点角可以迅速安定一边,黑仍能攻另一子,也是两分。

必须说明的是,这个定式的方向选择十分重要,如按图 6-19 的黑 1 挡的方向,黑★一子就失去了攻击意义。

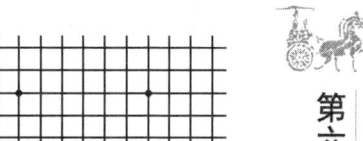

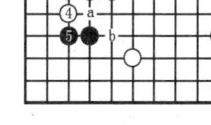

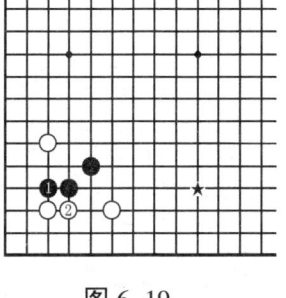

图 6-19

图 6-20

如图 6-20 的黑 1、3 压长也是"双飞燕"的典型走法,故又称压长定式,白 4 长,黑 5 挡,此时白若 a 位冲,黑 b 位退……

如图 6-21 的白 1 冲至黑 6 止,黑下边实空相当可观,一般白不采用。

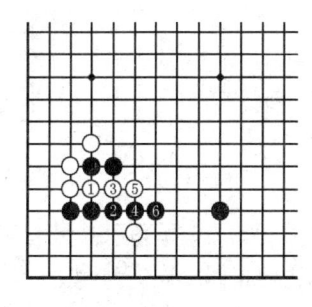

图 6-21

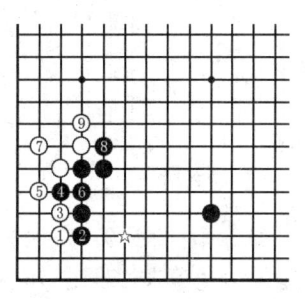

图 6-22

如图 6-22 的白 1 三三点角也是此型变着之一,到白 9 止成定式一型,也是两分。其中黑 8 至关要紧,以后可大攻白☆一子。

如图 6-23 的白 1 在高位一间反夹也是有的,黑也可以在 2 位小尖应,白 3 点角,黑 4 从这边挡是常识,到黑 10 止,白☆子已难活动,也是定式一型。

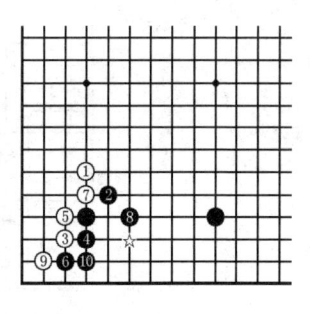

图 6-23

二、三三

三三和星的位置相似,但是性质却完全相反。星的作用主要以势力为主,对占实地稍差;三三则占角很坚实,向外扩张却差一些。对方挂三三时,也不是想占角地,而是阻碍其发展而已。

第一型:如图 6-24 的白 1 挂三三,黑 2 应是常见的下法,白 3 拆,黑 4 也拆是好点,为定式一型,黑 2 时下 a 位或 b 位也是可以的。

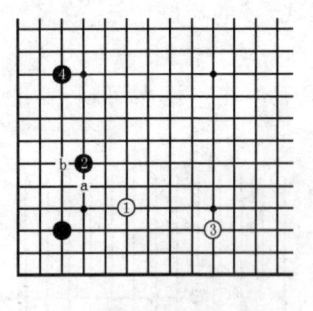

图 6-24

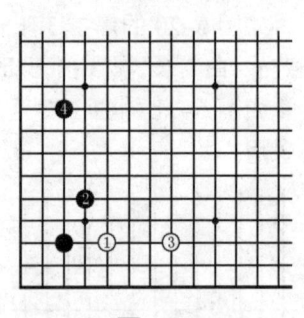

图 6-25

第二型:如图 6-25 的白 1、3 也是定式一型。但是角已被黑占领,从取地的角度来说难以与黑相对抗。这主要是以发展边为侧重的。

如图 6-26 的黑三三之子在白棋没有挂时,下 1 位小飞或 a 位大飞都是好点。相当于缔角一样,进而向 b 位拆边更为有力。

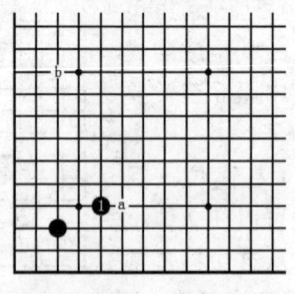

图 6-26

第三型: 如图 6-27 的白 1 直接肩冲三三之子,目的在于取势。黑 2、4 确保角地,白 5 张势,不失两分。

由于白 a 位拐头很大,所以黑 b 位飞也是继续完成定式的一手。

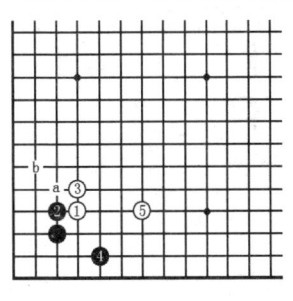

图 6-27

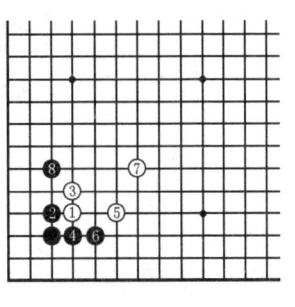

图 6-28

如图 6-28 的黑 4 拐头也是一种下法,到黑 8 止仍是黑得实地,白取外势的两分状态。

对于白 1 的肩冲,黑 2 长在哪一边是方向性的选择,对局时务请特别注意。

三、小　目

一子下在小目是不能完全守住角地的。最常见的挂角方法有小飞挂和一间高挂。

图 6-29 的白如 a 位即为小飞挂;b 位即为一间高挂(或称高挂)。

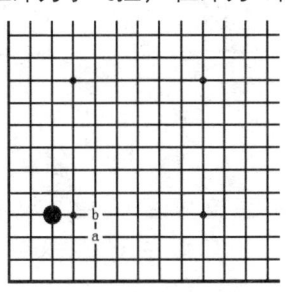

图 6-29

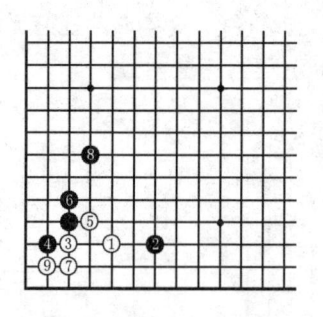

图 6-30

第一型：图 6-30 的白 1 小飞挂时，黑 2 一间夹是积极的下法，白 3 托角以下到白 9 拐头先图安定也是定式之一，其中白 9 是重要的一手。

如图 6-31 的白 3 时，黑 4 打吃也是定式一型，白 5 反吃是正着，黑 6 提后白 7 再打吃，黑 8 接，到白 11 拆告一段落，不失为两分之势。

如图 6-32 的白 1 关出是不愿被黑封锁，黑 2 飞一边围地一边攻击，白 3 肩冲意在取势，到黑 14 止为两分。

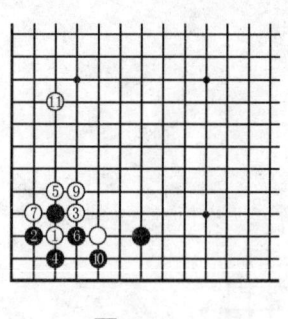

图 6-31 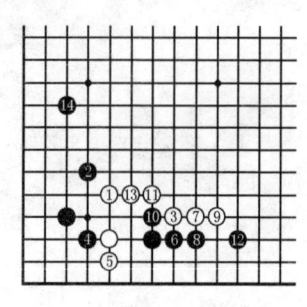　　　　图 6-32

第二型：如图 6-33 的黑 2 是二间高夹定式，它不像一间夹那么紧迫，但目的还是攻击白棋，白 3 小尖的出头十分坚实，白 5 飞求安定，黑 4、6 展开告一段落，这一下法是典型的二间高夹定式。

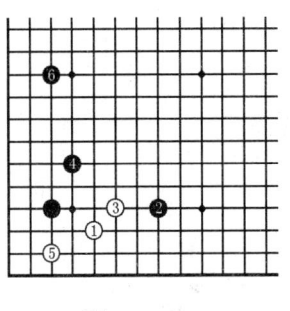

图 6-33 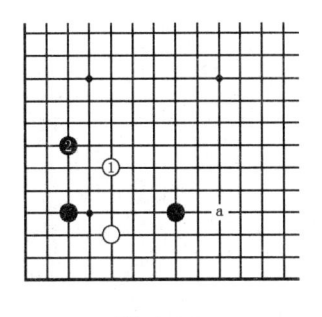　　　　　　　　　图 6-34

如图 6-34 的白 1 二间跳，快速进入中央也是定式之一，黑 2 拆二即告一段落，以后白 a 位夹击黑一子是有力的。

如图 6-35 的白 1 时，黑 2 尖顶也是一型，以下到黑 8 止为定式之一。

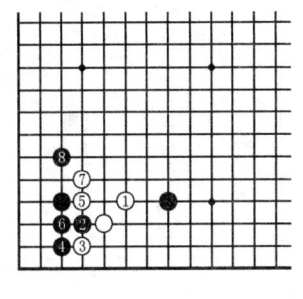

图 6-35 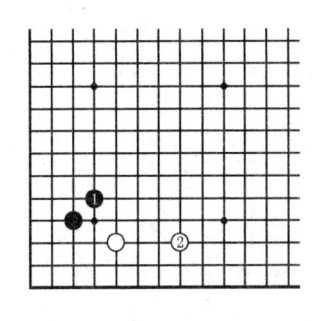　　　　　　　　　图 6-36

第三型： 如图 6-36 的黑 1 小尖是坚实之着，能防止白在角内施展手段，又可伺机攻白一子。对此，白 2 拆针锋相对。也是定式之一。

如图 6-37 的白 1 拆三也是定式。黑 2 打入势所必然。白 3、5 挑战之策，黑 6 尖出为急战局面。

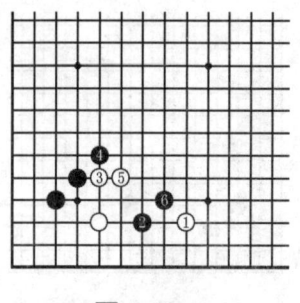

图 6-37 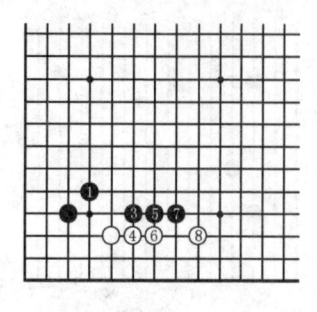　　　　　　　　图 6-38

如图 6-38 的黑 1 小尖虽然坚实,白却可以暂时脱先他投。之后,黑 3、5、7 飞在张势也是有力的下法。

图 6-39 的黑 1 夹攻也是好手,白 2 飞活角,黑 3、5 封锁得外势,也是一法。

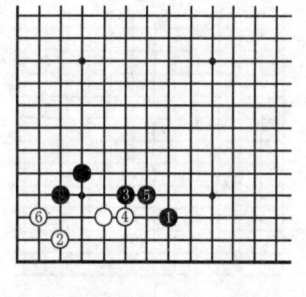

图 6-39 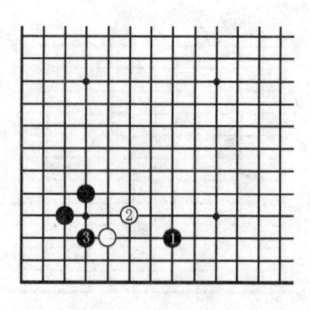　　　　　　　　图 6-40

图 6-40 的白 2 如往外逃,黑 3 尖顶则是既可得角又能追击的好着。

第四型: 如图 6-41 的白 1 叫做一间高挂。黑 2 托,意在取得角内实地,到白 7 止为定式一型。其中黑 2 托和白 7 拆是值得学习的下法。

如图 6-42 的前图形,不怕黑 1 打入,以下到白 6 止切断黑子,黑也难活。

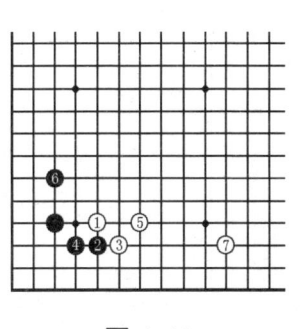

图 6-41

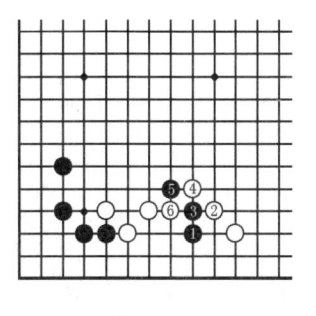

图 6-42

如图 6-43 的白 1 接也是定式一型,不过白 3 拆三恰到好处,拆到 a 位就是过分之着了。

如图 6-44 的黑 1、3 明显狭小,同样都是得角,比图 6-43 减少许多。

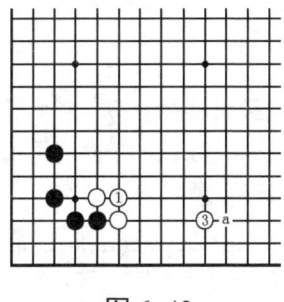

图 6-43

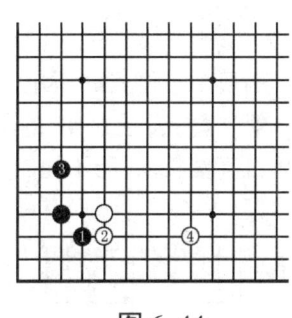

图 6-44

如图 6-45 的黑 1 二间高夹也是有力的,但白棋位置高,外逃也就顺利,黑 3、5 虽是做空的要领,却不能不考虑以后白 a 位或 b 位的夹攻,这也是定式之一。

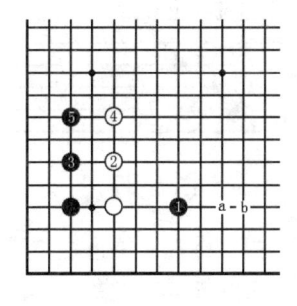

图 6-45

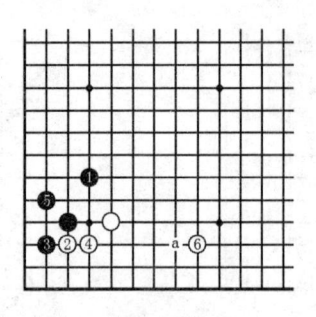

图 6-46

如图 6-46 的黑 1 飞，以下到白 6 拆也是定式一型。白 6 下 a 位亦可。

四、高　目

高目由于位置高，因此更利于取势。

第一型：如图 6-47 的黑 1 是对高目最普通的挂法，这个形状和小目高挂相同，所不同的是下一手该白走。白 2、4 托退后再拆甚得要领，黑 5 是对眼形有利的好手，白 6 拆得适当。

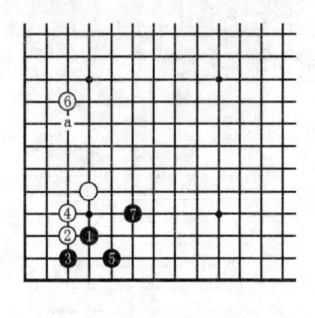

图 6-47 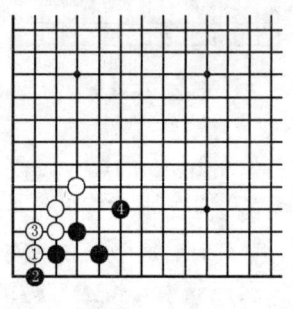　　　　图 6-48

白 6 拆在 a 位也很常见。

如图 6-48 的白 1 不是好着，被黑 2 扳，如白 3 接自落后手，黑 4 飞时，白棋毫无疑问在形势上不利。

如图 6-49 的白 1 扳时,黑 2 也不能马上就飞,被白 3 打,黑 4 接住后,明显眼位不足。

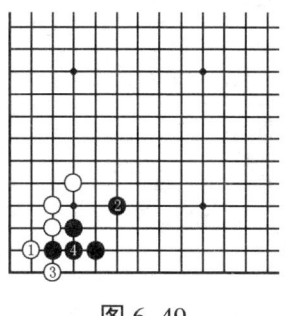

图 6-49

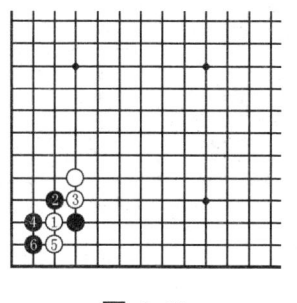

图 6-50

如图 6-50 的白 1 托时,黑不在 5 位扳,而黑 2 强行上扳,结果如何呢?白 3 断是必然,黑 4 打,白 5 长是要紧的一着。黑 6 跟长,白如何处理呢?

如图 6-51 的白 7、9、11 利用白☆二子作为弃子次序井然地做成外势,黑虽吃掉白☆二子得角实地,却是得不偿失。

在围棋的竞技过程中,不能只注意到棋子的生死。利用弃子换取更大的利益是重要的作战手段,也是水平的明显标志。

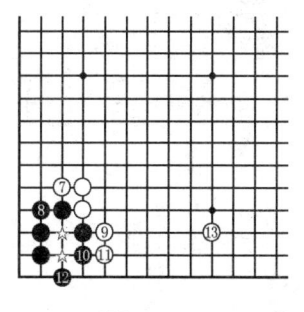

图 6-51

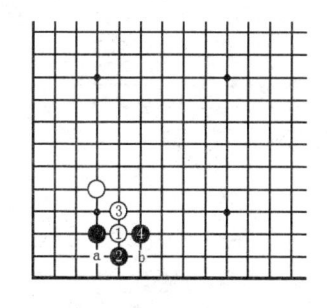

图 6-52

第二型:如图 6-52 的白 1 从外边靠也是定式一型。黑 2 下扳是正确应法,白 3 退时,黑 4 扳后难免让人担心,因为生出 a 位和 b 位两个断点。

如图 6-53 的白 1 断在里面,则黑 2 吃,白 3 打,5 征,结果两分，这个定式白棋必须征子有利才能成立。

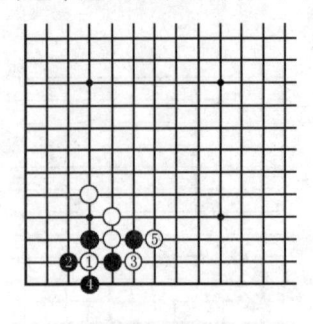

图 6-53

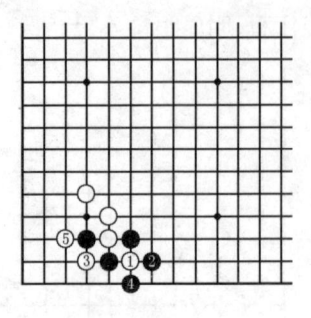

图 6-54

如图 6-54 的白 1 断在外面。则黑 2、4 吃住白一子，形很厚实，白棋得角，结果两分。

如图 6-55 的黑 2 长是恶手，被白 5 扳住头大为不利，以后白 7 又是先手挡，封住黑棋，不然白 a 位点，黑角即要被杀死。

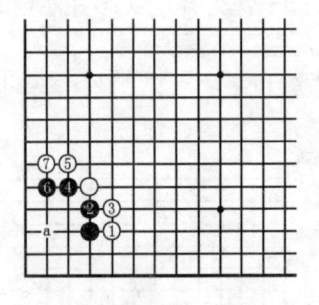

图 6-55

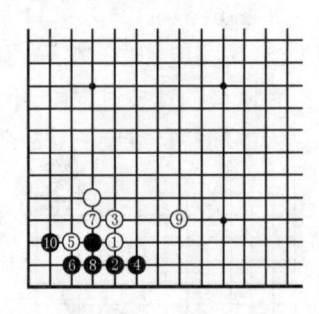

图 6-56

如图 6-56 的白 3 退时，黑 4 长也是定式之一，以下白 5 夹、7 打后，白 9 大跳取势，黑 10 得实地，不失为两分之变。

白 9 也可如图 6-57 的白 1 倒虎，黑 2 打后，4 位飞起，虽也是定式一变，但白棋有悖于高目的初衷，似应慎重考虑。

第三型： 如图 6-58 的白 1 正如前所述。贯彻高目容易取势的目的，到白 5 止明显是白棋占得外势。

图 6-57　　　　　　　　图 6-58

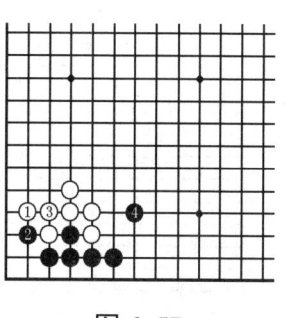

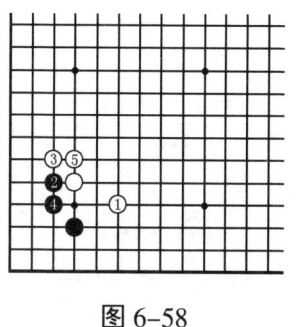

如图 6-59 的白 2、4 顶断也是定式之一，白 6 立下是要紧之着，因此而可得白 8、10、12 的两面先手利，是典型的弃子取势的定式，然后再白 14 位补断，势力初具规模。

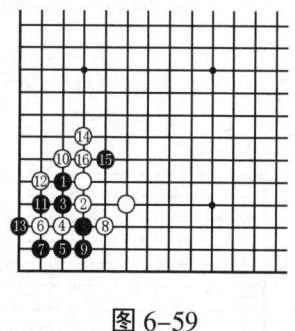

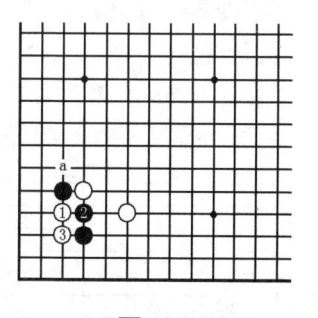

图 6-59　　　　　　　　图 6-60

如图 6-60 的白 1 内扳也是定式之一，黑 2 断是当然之着，以下白 3 长或 a 位打都将产生复杂的大型战斗。不过，作为初学者没有必要去研究它们。随着水平的提高，自然能逐步体会和掌握它们的变化。

五、目　外

第一型： 如图 6-61 的白 1 下在目外，黑 2 小目挂是常见之着，白 3、5 压低黑棋并张势，黑 6 跳也是常形，白 7 于 a 位拆即为定式。

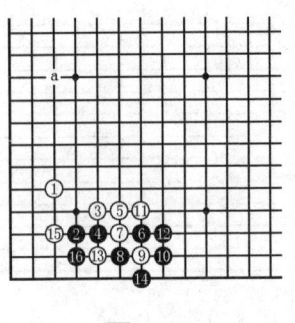

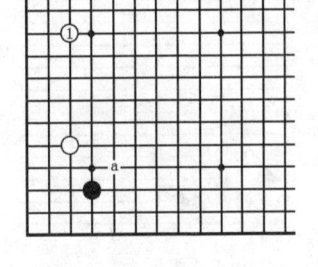

图 6-61

图 6-62

白 7 冲、9 断可暂保留,如演变下去则如图到黑 16 为双方正确次序。所以……

如图 6-62 的白 1 可直接拆而不怕黑打入,就是因为白 a 的飞压近似于绝对先手。

如图 6-63 的黑 2 尖补先加强自己,做打入前的准备,白 3 也飞补,形状坚实而优美,此形为定式之一。

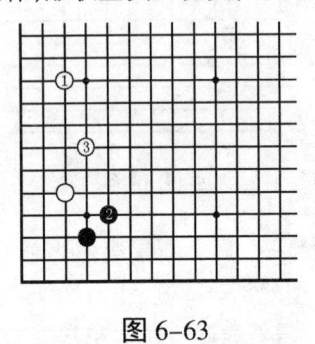

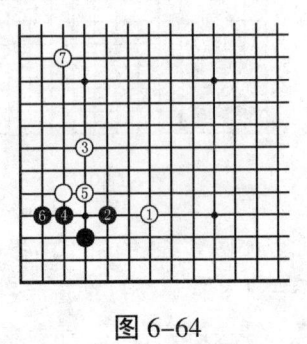

图 6-63

图 6-64

第二型:如图 6-64 的白 1 夹攻黑子也是一种下法,黑 2 尖出头时,白 3 顺着其出头的步调飞补,以下到白 7 拆止,黑得角地,基本两分。

值得学习的地方是:白 3 是顺其出头之步调而走出来的。这一思考方法在围棋对局中占有相当重要的地位。

如图 6-65 的黑 1、3 压长也是定式之一,与星位的压长定式相似。

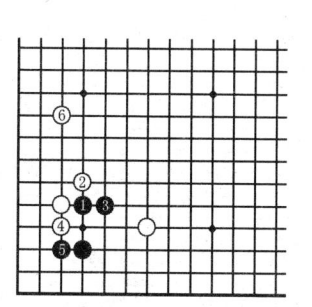

图 6-65

如图 6-66 的白 1 也是有力的下法,黑 2、4 压出,白 5 长时,黑 6 双是要点,此时不能 7 位挡,否则白 a 位冲,黑穷于应付,白 7 长得角,到黑 8 止也是定式之一。

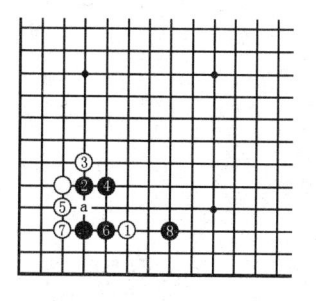

图 6-66

第三型:如图 6-67 的黑 1 是重视外势的下法,白 2、4 得角,到黑 5 拆止也是定式之一。

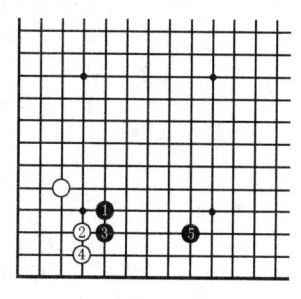

图 6-67

第四型：如图 6-68 的白 1 叫做"大斜定式"。此着素有"大斜千变"之称，极其复杂多变，一般都是独立成书，故在此便不多述了。

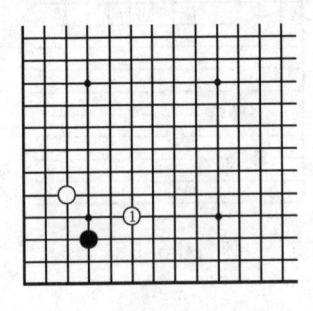

图 6-68

第七章

作战与绝杀

中盘战斗是布局的继续,只有努力贯彻布局阶段的战略意图,才能把握棋局的进程。中盘战斗的变化很复杂,其战术涉及的内容也非常多,这里只介绍几个有代表性的战术,让你有个初步的了解。

一、攻　击

攻击的目的是让对方的弱棋不能喘息,同时自己获得利益。

如图7-1 基本型,对于基本型的黑棋,白棋使用正确手段攻击它,破眼位的同时可获得利益。

如图7-1(a),白1点是锐利的一着,击中黑棋的弱点。黑2接,白3、5、7先手夺去黑棋的根据地。白9跳后,黑棋受攻击同时上方一黑子也受到影响,黑不利,白攻击成功。

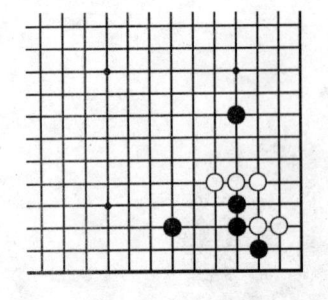

图7-1 基本型 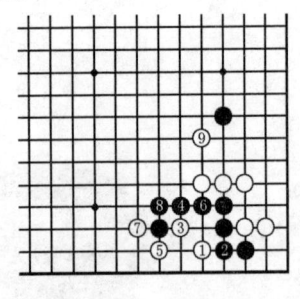　　　　图7-1(a)

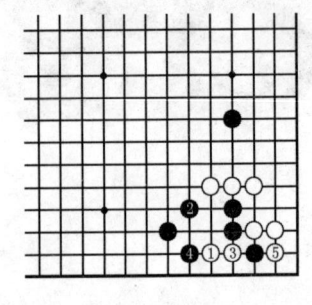

图7-1(b)

如图7-1(b),如果黑不愿意走成前图,黑2只好尖,白3、5吃黑一子大可满意,以后还可伺机攻击两边的黑棋。

对图7-2基本型中白的拆二,黑怎样攻击呢?

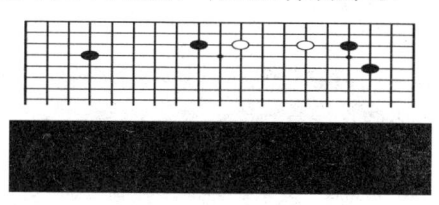

图7-2 基本型

如图7-2(a),黑1点,然后3、5连回,是夺取白棋根据地的下法。以后可伺机在A位继续攻击白棋。

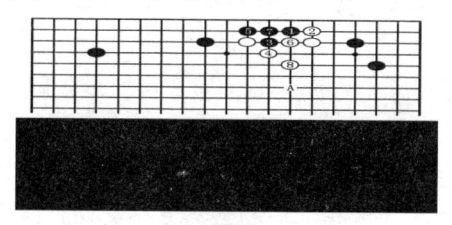

图7-2(a)

如图7-2(b),对于此形中的拆二,考虑到黑左边有模样的发展,黑1可不点。而直接飞攻,黑5粘后,左边模样已形成,攻击获得的利益很大,同进还可伺机在A、B位继续攻击白棋。

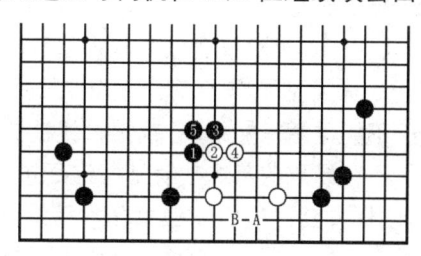

图7-2(b)

1. 怎样狠杀与不被杀

围棋最重要能力就是计算。你就是再会背定式也不如人家会计算。有一次吴清源在比赛中忘记了一个定式,他就现场计算出一个和定式不同的结果。本来那个定式人人都用,自从有了吴清源的新着以后,大家觉得那新着实在厉害,老定式不够好,反而就不怎么流行了。

所以围棋最重要的不是背书,而是计算。计算最直接的好处就是吃棋。一方认为很完美的结果,另一方则可能认为有问题。

围棋是不搞辩论的,它的"辩论"就是战斗和吃棋。谁的"力气大",计算精确,谁就经常吃别人的棋;反之,谁不善于计算,要么被别人吃,要么因为要"保守一点,安全重要",地盘就总是不够。

最著名的杀棋专家在日本有坂田荣男和加藤正夫,在中国有古力。其实,善于吃棋既是一大优点,又是一个特点。

"不战屈人",不吃棋而胜利当然更完美,而且往往还更让别人头疼。如果双方的实力差距比较大,一方缺乏应有的战斗力,不死的棋也往往被吃。所以有的人老被吃棋。

60年代有一位日本女棋手伊藤友惠老太太来中国比赛的时候,一连8局棋把中国棋手全给赢了。有几局棋还吃了中国棋手的好大一条龙,其状惨不忍睹。

其实伊藤其人在日本虽然确实以吃棋多著称,胜率却不高,吃的多是人家的弃子。人家把子弃了,就轻松了,反而赢了棋。中国当时的棋手水平低,不能灵活掌握棋局,越怕吃就越被吃。

棋要容易活、不容易死的基本功有下面这三条:

一是不要随便撞紧自己的气。业余初学者经常看到有打有冲的机会就随手一打、一冲,自己没把对方打死,却冲掉一口气。有时候人家的气无关紧要(例如对方已经活),自己的气却大有关系。

二是一串子的形状要注意有弹性,方便于必要时做眼(整形);而对方的棋,有机会的时候要破他的形。

三是不要把棋走重,可要可不要的棋子暂时不要都捡起来。以轻灵飘逸著名的马晓春对付以攻杀凌厉见长的刘小光就是"躲"。承认对手的特点是锤子重,想办法躲开,最后靠后半盘功夫取得胜利。

2.为什么要弃子,不弃会怎样

这是一个不肯弃子的典型例子。图 7-3 的结果是白棋最关键的一串子被征吃,一局棋也就完了。现在我们用倒堆法分析,看白棋的毛病在哪里?

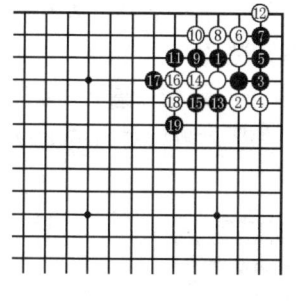

图 7-3 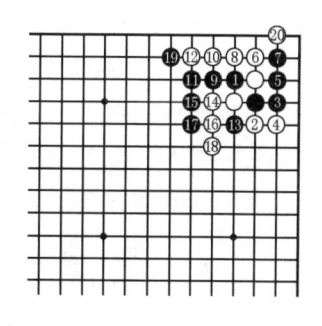　　　　　　　　图 7-4

首先,到白 14 已经无可选择,所以白 12 要改变。如果白 12 在 13 位一带补,黑就从 11 位上面拐吃住白的 6、8、10 一串,也不好。可能顺利的话,就像图 7-4 那样;但是这只是白的如意算盘:黑 15 不会那样随便打吃,而是像图 7-5 那样。

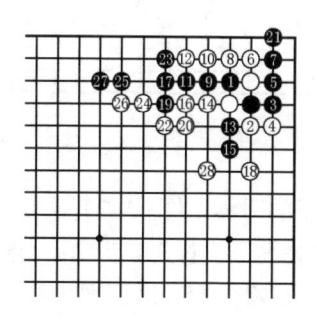

图 7-5

这个结果虽然不是非常满意,但是还能进行下去。要是一开始没有随便乱长乱打,形势会比较容易控制一点。相反,采取非常措施,"一子不弃",固然很强硬,但到底是没有信心的表现。

3.弃子既然作用大,为何总少弃

不是所有的局部都需要弃子。弃子是手段,不是目的。在图7-6这局棋的中盘战里(吴清源九段执黑对坂田八段),白棋按照"二子头必扳"的原则在48位扳,黑棋则按"棋从断处生"的教条切断,白50补必然(如果被黑棋从这里打杀出去,白的基本空间化为乌有);按照一般爱好者的想法,黑要逃49一子了吧?黑49要逃,有什么作用没有?我们看到白的右边已经相当厚,不会在乎黑49逃。黑51打,有力!在自己强大的地方切断对方的大队人马,是值得高兴的"投资"。

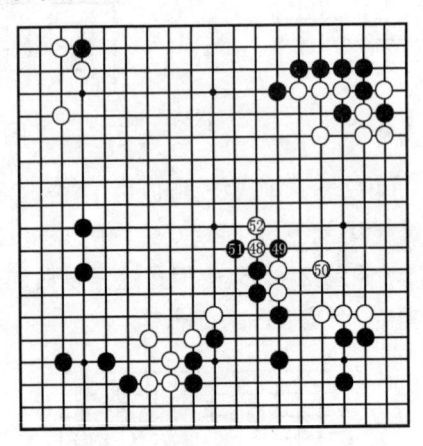

图 7-6

又到了黑要弃子的时候了(图7-7),这就是白64补强左上,同时威胁在66位切断黑两子。首先我们看到,这两个子"精华已竭多堪弃",如果要保,还不如在65位挡,因为后者关系角的眼形和目数。在这个回合中,黑得到67位的靠,由于两个死棋还有一定用处,基本是双方两分。

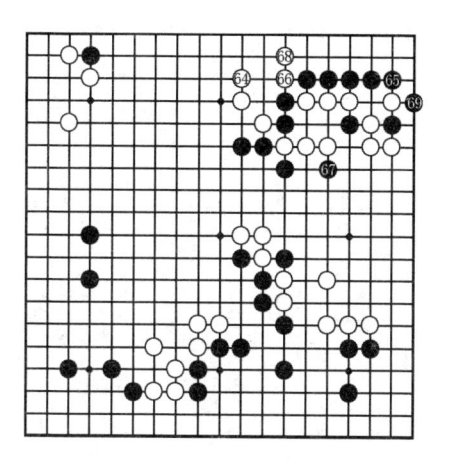

图 7-7

白棋不敢轻视被切断的一块,在 70 位打,补强自己(图 7-8),黑也在 71,73(死棋利用)后 75 跳,流畅自然。紧接着白棋利用黑右下的毛病大举入侵。白 84 是要黑选择,是在85 位取角还是保护中央的四个子?黑棋的答复是明确的:中央四子的切断作用已经结束,可以弃掉(因为白棋第 70 手时白实际已经连通)。弃掉五个子的好处是保护了角。

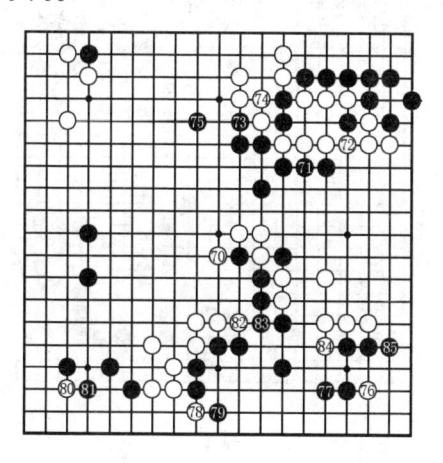

图 7-8

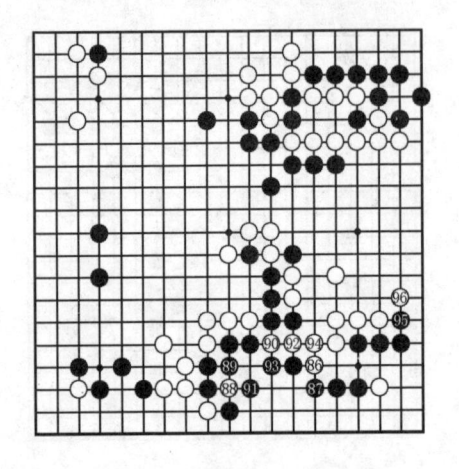

图 7-9

本谱是开劫(图 7-10)。当黑 1 为了对杀的需要先在一路扳的时候,黑棋自然不可随便退让。上面的弃子又被利用了一次。因为如果黑在 12 位提白,白的一块被切断成两块,而且都岌岌可危。所以这个劫材大得无法商量。白棋只好以活角为劫材;黑棋得寸进尺打到 15 位!

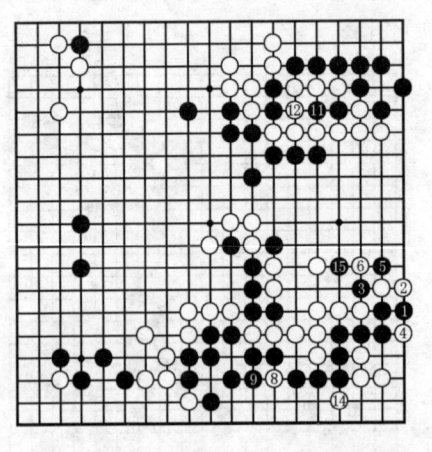

图 7-10

为什么能打到 15 位?因为黑的第二堆死棋还有余味未消。这时候,白棋在别的地方没有大的劫材,如果让黑在 20 位左路一挖,死棋又复活了!所以,白棋只得在 20 位"送客出门",然后在 26 位委屈做活。黑棋稳稳补在 27 位,等于发表了"胜利宣言"(图 7-11)。

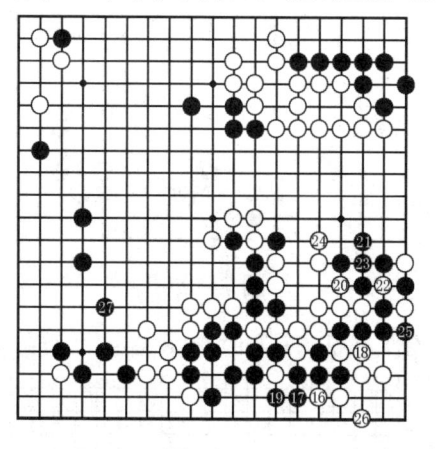

图 7-11

这盘棋一开始就是黑棋不断弃子,虽然不多。至于白棋根本是没有机会弃子,而接受弃子也比较谨慎。后来就平稳进行,黑棋小胜。

二、打 入

打入的目的是破坏对方的根据地或减少对方的空。

如图 7-12 基本型,当黑★一子逼时,白应在 A 位跳补一手。此时白方如不补而脱先它投,黑方应如何打入?

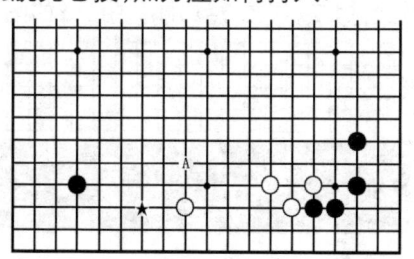

图 7-12 基本型

如图 7-12(a),黑 1 点在此形的急所上。白只好尖阻黑从 A 位渡,双方进行到白 14 枷时,黑利用打入获得利益,同时还留有 B、C、D 三处利用的好点。

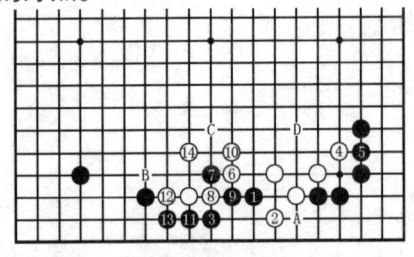

图 7-12(a)

如图 7-12(b),在征子有利时,白 8 接上,可避免黑方的种种利用。

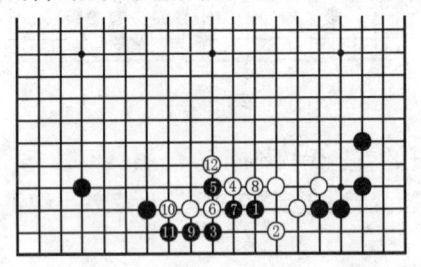

图 7-12(b)

三、拆 边

一般来说一个子可以拆二,立二可以拆三,立三可以拆四。
如图 7-13(a),拆二;如图 7-13(b),拆三;如图 7-13(c),拆四。

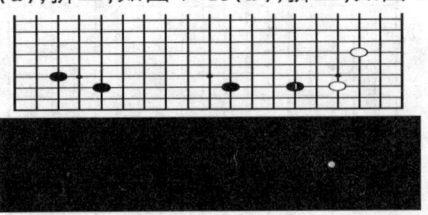

图 7-13(a)

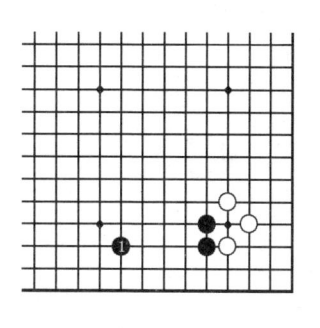

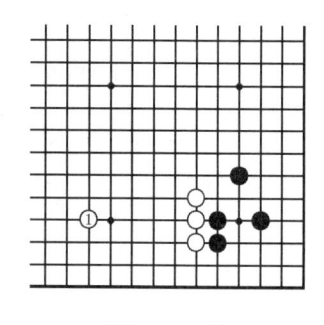

图 7-13(b)   图 7-13(c)

上面所说的拆的方法只是一般规律。在实战中应根据周围的情况灵活运用拆边的尺度和高低。

如图 7-14,此形中黑 1 拆二是正确下法,因为左上边白棋较强,黑拆二可确保安全。如果硬要按立二拆三的模式去套,黑 1 拆在 A 位时将面临着白 B 位的严厉打入。

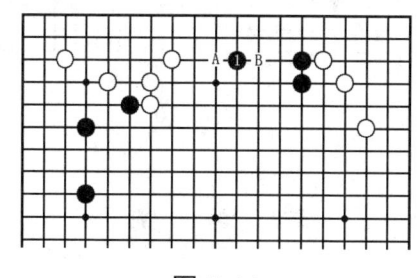

图 7-14

如图 7-15,此形中黑 1 拆四是正确的,可瞄着 A、B 位的打入。因为右边很强,有黑三子的虎与上面黑三子的配合已远远超过立二的价值,所以不怕白 C 位打入。白一旦 C 位打入,黑可在 D 位尖攻击白打入一子。

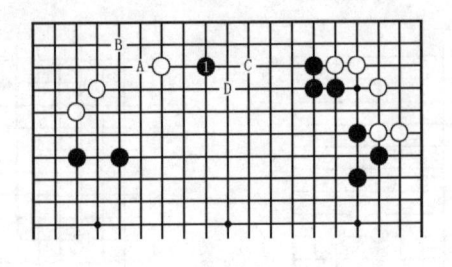

图 7-15

如图 7-16,此形中黑拆一是正确下法,拆一虽小,但此时的作用很大,既防止了白在 A 位刺的可能,又瞄着在 B 位打入白阵。

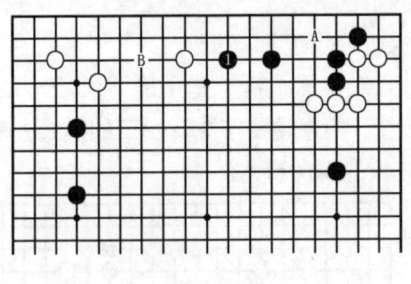

图 7-16

四、腾 挪

所谓腾挪,就是在受到攻击时或敌强我弱时,所采取的灵活机动战术。

如图 7-17 基本型,此形中白二子受攻,如何处理?

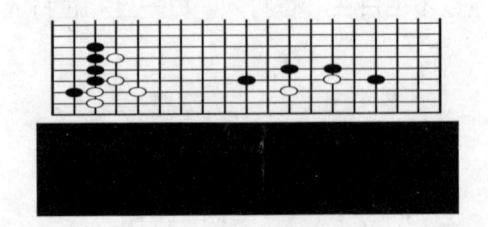

图 7-17 基本型

如图 7-17(a)，白 1 飞是常用的生根法，但被黑 2 顶后，黑获得很大外势，同时黑在角上也获得很大利益，白棋位置偏低。

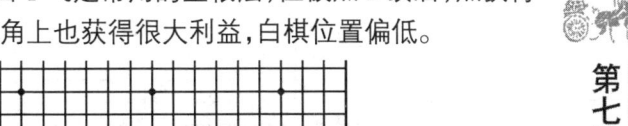

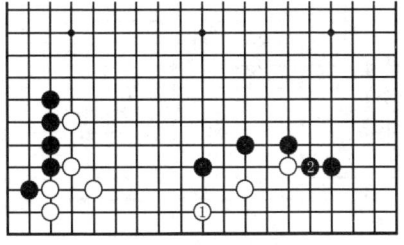

图 7-17(a)

如图 7-17(b)，白 1 扳不甘心被封锁，黑 2 断是必然，白 3 打，黑 4 长，这时白在 A、B 两点不能兼顾，白作战失败。

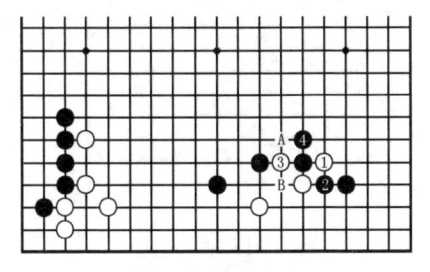

图 7-17(b)

如图 7-17(c)，白 1 先搭，采取腾挪战术，诱黑 2 来断，再走白 3 位扳，5 打，7 长时，黑已断不了白。白成功冲破封锁。

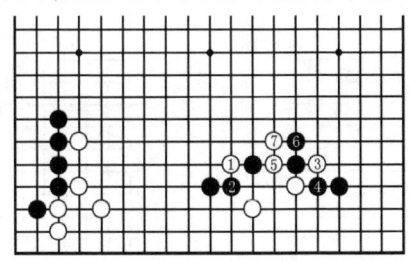

图 7-17(c)

如图 7-17(d)，白 1 搭后黑 2 如扳，则白 3 轻松接回。黑白双方皆有所得。白腾挪成功。

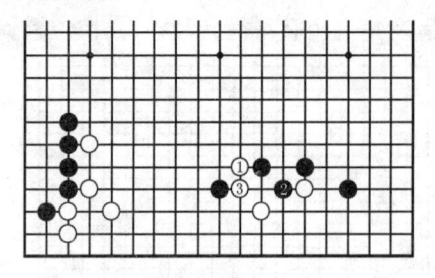

图 7-17（d）

如图 7-18 基本型,黑一子被白☆一子尖攻,此时黑如何逃?

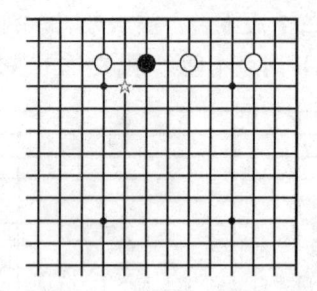

图 7-18 基本型

如图 7-18(a),黑 1 长,被白 2 位扳二子头,黑 3 曲不好,走成"愚形三角",以下至白 6,黑非常危险。

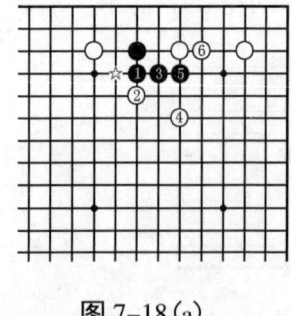

图 7-18（a）

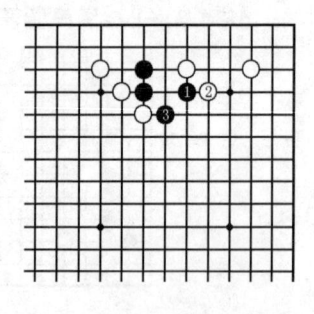

图 7-18（b）

如图 7-18(b),被白扳住后,黑 1 搭、3 虎才是常用的腾挪之法,这样黑出头很畅,白一时没有攻黑之法。

五、浅 消

当对方的模样很大,打入又有一定冒险性时,我们可用镇和肩冲等浅消方法来压低对方,达到压缩对方模样的目的。浅消时一定要选点正确,否则适得其反。

如图 7-19 基本型,白模样很大,黑应如何动手?

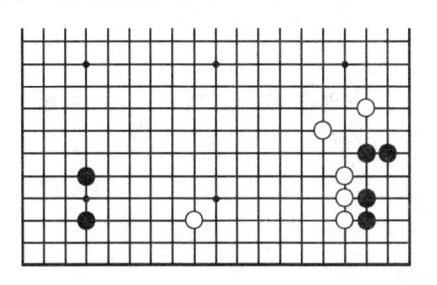

图 7-19 基本型

如图 7-19(a),黑 1 拆二无疑是坏棋。白 2 跳后与右边白子配合极佳,形成立体结构。这两手交换,黑方受损。

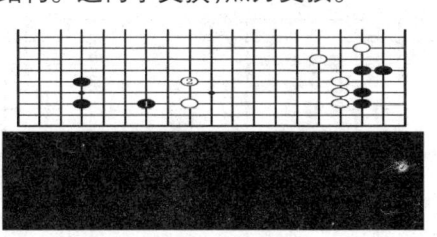

图 7-19(a)

如图 7-19(b),黑 1 尖冲是此时的浅消好手,走至黑 7 时黑一举获得优势,浅消成功。白还留有 A 位的缺陷。

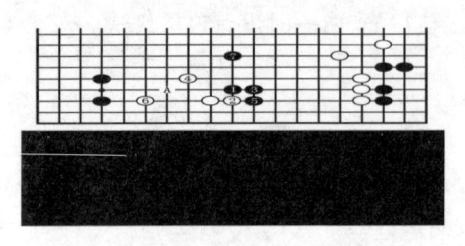

图 7-19(b)

六、官 子

　　对弈双方在一盘棋中的局势差不多时，胜负就要靠官子功夫的高低来决定了。因此，官子在围棋中也是非常重要的一环。稍处劣势的一方如果官子占得巧妙，也可扭转败局。

　　官子的知识很多，在此只能做一些介绍，让你有一个大概的了解，为进一步学习围棋打下基础。

　　首先让我们了解一下"目"与"子"的关系。

　　如图 7-20，黑 1 这手棋挡后，可围有一个交叉点，我们把这一交叉点叫做"目"，也就是说通过黑 1 这手棋黑占了 1 目空。

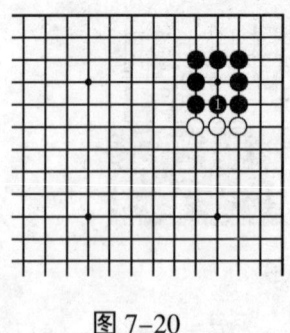

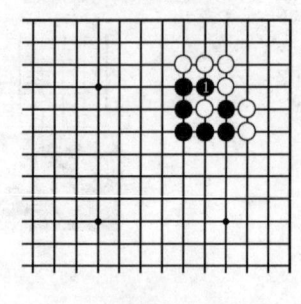

图 7-20　　　　　　　　图 7-21

　　如图 7-21，黑 1 这手棋同样是围了一个交叉点，但它提掉了一个白子，所以黑围的这一交叉点价值是 2 目。也就是说提一子可得 2 目空。

通过上面的学习我们就不难看出下面这些例子中的官子价值了。

如图 7-22，黑 1 冲，破掉对方有可能围成的 1 目空，因此黑 1 这手官子价值是 1 目。

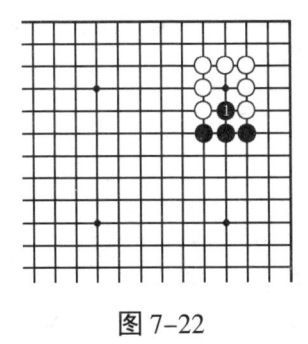

图 7-22 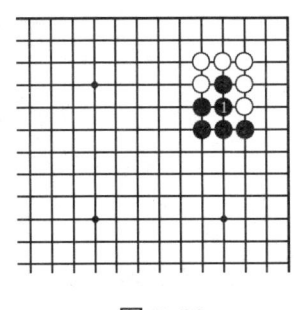　　　　图 7-23

如图 7-23，黑 1 连，虽然自己没得目，但破掉对方有可能围成的 2 目空，因此黑 1 这手官子价值是 2 目。

如图 7-24，黑 1 断，吃掉 4 个白子，因此这手价值是 8 目加上两个空点，一共是 10 目。

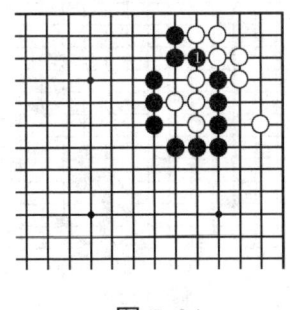

图 7-24 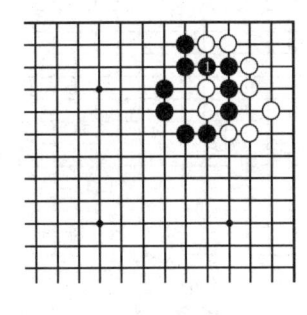　　　　图 7-25

如图 7-25，黑 1 连，看似它的价值只有 6 目，其实不然，因为如果白在 1 位连时，可得 7 目，所以计算黑 1 这手官子价值时应把双方得失都算进去，6 目加 7 目共 13 目。因此黑 1 的这手官子价值是 13 目。

如图 7-26，黑 1 扳，3 粘破掉白 1 目，同时自己还得 1 目，因此官子价值是 2 目，如果白在 3 位扳同样也是 2 目价值。

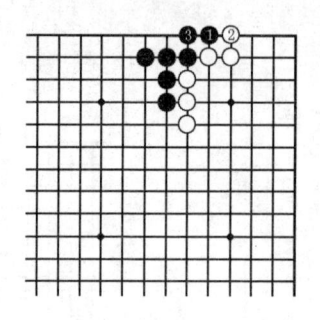

图 7-26

让我们学习一下什么是先手官子和后手官子。

在官子阶段,凡占完一个官子之后先手仍在握而去占其他官子,这个官子就叫"先手官子"。反之,占完一个官子之后先手失去,这个官子就叫"后手官子"。

如图 7-27,黑 1 扳、3 接后,白 4 不得不接,结果黑方仍先手在握,因此这个官子就是黑的先手官子。

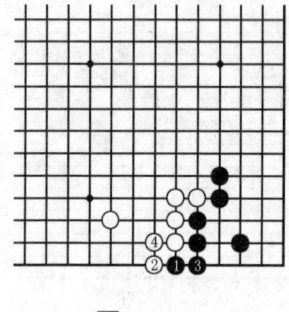

图 7-27

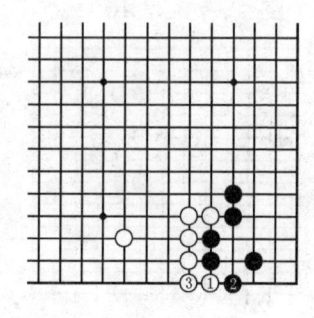

图 7-28

如图 7-28,白 1 扳、3 粘后,黑无需补棋,白把先手让给了黑方,因此这个官子就是白的后手官子。

没有围空或破空价值的棋叫"单官",随着走单官把双方交界处的交叉点填满,也就标志着一盘棋结束,可以进行胜负判定了。

七、判定胜负

一盘棋正在进行中,如果有一方提出认输,可结束比赛,判定另一方"中盘胜"。如果一盘棋走完单官,就必须通过数子来判定胜负。在以上章节的学习中我们已经知道了如何判定胜负,现在是学习实际的数子过程。

当一盘棋下完后,为方便起见,我们可选定空较完整的一方来数子。如图7-29就是一盘下完的棋,我们可选黑方来计算。

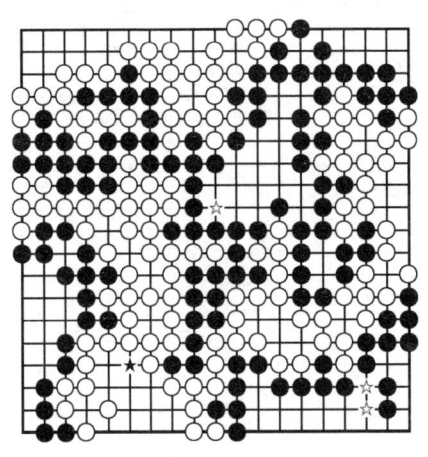

图7-29

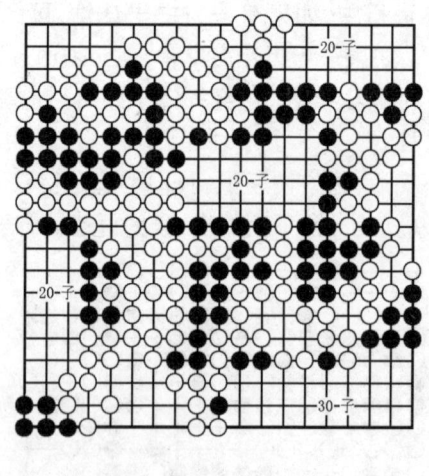

如图 7-30，首先拿掉图 7-29 中☆和★等死子，再把可以以 10 计数的棋子拿掉，填满未数的空。这样，盘面的形就较完整了。以 10 计数的子共有 90 子，剩余的共有 95 子，两项相加共 185 子。如果这是一盘分先棋，那么黑方就胜了 $\frac{3}{4}$ 子（1 目半）。

图 7-30

附 录

一、下过的棋再复盘的目的

复盘,就是在一盘棋下完之后,再把它一步一步回忆起来。初学者有时候有畏难思想:棋盘那么大,怎么还能回忆起来呀?三国的时候有一位才子叫王灿,他在看棋的时候非常认真。在旁边另外摆上一盘棋,用手帕盖上原盘他还能够一子不差地把棋局复制过去。因为这边的原盘用手帕覆盖上,就有了"覆局"的名称。现在的复盘是复习的意思,两者是有一定关联的。能不能复下来,这就要看你是不是认真下棋,认真考虑自己的每一步棋,也认真考虑对手的每一步棋。养成认真考虑习惯的人,他的思路一定是这样的:

他为什么要下这里?(他要吃我的棋吗?吃得掉吗?吃掉了要紧吗?如果吃掉我怎么办?为什么我要让他吃不掉?)我要下在哪里?(我认为这盘上最大的地方是哪里?要做的是什么?怎样实行?怎样预备?有哪些有关的处理要预先完成?)

如果一盘棋下完,每一步棋都是这样仔细思考和盘算的结果,棋就很容易记住,而相反,如果是在棋盘上随手撒豆豆,根本就没有思考和研究,那样的棋甭说记不起来,记得起来也没有什么意义。

我们初学围棋,就要学习复盘和记谱。最好先使用小棋盘便于学习复盘和记谱。一开始可能记得不全面,可以简单一点。比如:时间、地点、对手、布局情况、中盘战斗的经过、结果。这样养成比较好的习惯,用不了多久,你就真的能够复盘和记谱了。

顺便说一下,专业棋手和业余棋手的复盘能力的差距是极其惊人的。这是因为专业棋手在其每一盘棋的过程中,步步用脑筋

"使劲想","往绝处想",特别是布局和中盘;因此每一步棋的顺序已经像刻在石头上的碑文一样不可抹去了。图1是初学者在11路小棋盘上的对局。

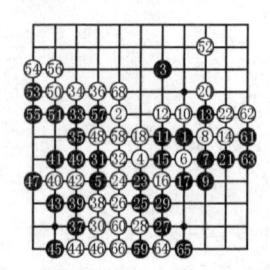

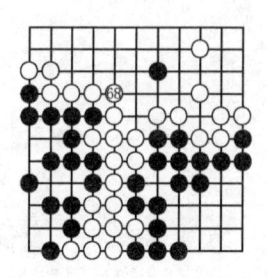

图1

初学者可能感觉不到白68有无问题,但是记录下来,过个一年半载再看,早先要是黑在这里切断,还有没有大问题呢?

记谱使用预先印好格子的谱纸,市面上有售。纸张的记录稿,黑白两色要用不同的记号,比如黑棋用蓝黑色的笔,白棋用红色的,这样以后复习起来要方便些。

二、和棋的规定及判断

围棋出现和棋的机会很少。双方占据的地方一样多,即使在双方实力相等的时候也难以碰到。但是还是有这样巧的时候:一样多,和棋。早前人们对于和棋不在意,但是现在有很多淘汰制的比赛,如果两位棋手和棋,谁出线?影响了秩序,问题就大了。所以正式的围棋比赛往往规定贴的子数为 $3\frac{3}{4}$ 子,或者日本规则为6目半。这样如果终局计算棋子,一方的子数(带有3/4)再也不可能和另一方(带有1/4)完全相等。和棋就少得多了。

还有不能终局的情况吗?有。图2的情况叫做双提二子。双方各有一个眼,一口公气,按理是会共活的。可是棋形古怪的情况就是会有古怪的结果:如图3,白1扑,黑如果提,白就要紧掉公气吃

图 2　　　　　　　　　　图 3

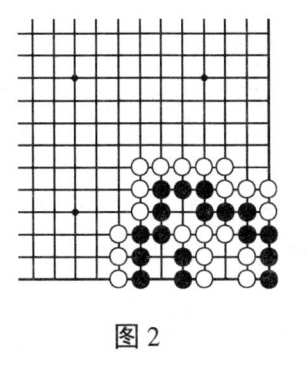

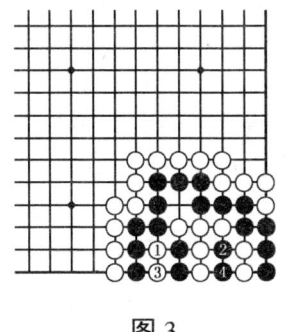

黑;所以黑只好在另外一个反向 2 位扑,白 3 位提,黑只有 4 位也提。这个例子里并不是双方没有别的选择。先行的白方是有选择共活的权利的:白 3 如果肯在 4 位提,而黑也必然 3 位提,结果就是共活了(图 4)。可是中国和日本的规则都没有规定这样简单的招法需要怎么走。

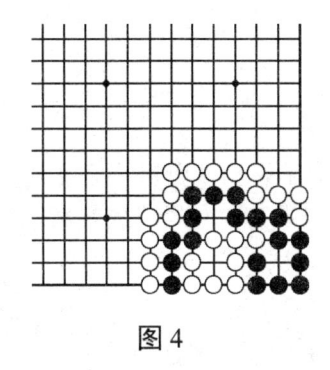

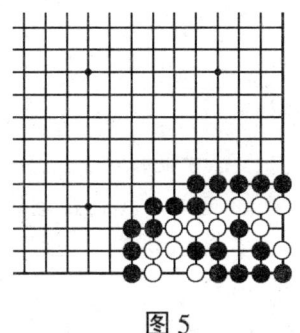

图 4　　　　　　　　　　图 5

还有一种情况是三劫或者四劫循环,也是无法终局的。碰到图 5 这样的例子,里面的棋各有三个劫,每方至少要有两口气才能不被对方打吃。于是双方要求在三个劫中占有两个,提来提去也不肯停。如果一方的优势实在大,当然可以在这样的争夺中退让了事。退让如果输了棋,那还不如不退!

值得一提的是应昌期先生的《应氏围棋规则》对和棋有特殊的

规定。应氏不允许任何不终局的现象。在他的规定里,长生也就是要共活的。每一种多劫循环的情况,应先生都规定了要先"变着"的一方。他的规定里的一些概念未必非常容易理解,像"热子"是指刚刚被提过的子,又分为单热子、双热子等。劫的概念又分为争劫和搅劫。

由于应先生以他自己的财产和毕生的精力推广围棋,理所当然地受到世界围棋人士的一致尊敬,因此在他出资举办的第一个世界性比赛"应氏杯"赛中就使用了他的规则。所以,初学者对此有所了解还是应该的。目前关于规则的讨论也还仍然未有结论。不过在中国围棋界举行比赛的时候,还是使用中国规则。

三、怎样迅速提高棋力

提高围棋水平的途径非常多,比如打谱、多实战、多观摩高手的棋。但是由于各人条件不同,也许不是样样能做到。有一条是所有专业棋手都会建议的,就是多做死活题。

而专业棋手也一样要经常解答死活题(当然他们要解的不是初学者一样水平的题),还要创作死活题。

一位专业棋手解决死活题的能力不是为了盘盘要杀死对手的棋,而是为了迅速在进攻和防守中发现有效和紧凑的方案。也就是"如果我这样下,就有杀死他的可能,如果我那样下,就可能被他杀死"。

少年棋手和初学者只有通过死活题学习才能逐步领会所谓围棋的形状和筋的概念。没有死活题练习,死背筋和形的要点,得到的往往只是死知识,所谓"书房棋"——看起来像模像样,人家一急起来乱来,你就治不住他了。同时死活题也能提高对于实战中可能遇到的棋形的认识。

比如,实战中碰到下面的图会怎么处理?这个题目的名字叫"大猪嘴扳点死"。所以,它的第一步是扳,第二步是点。其他的方案都不会成功。它的实战是这样进行的(图6、7):

图 6   图 7

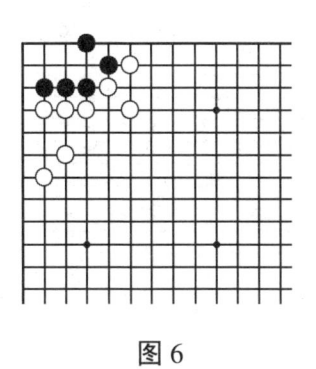

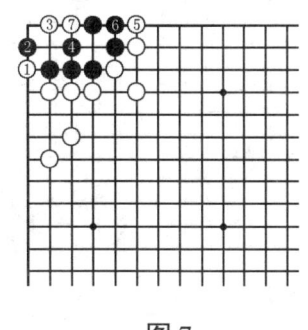

下面这个题目与前者相比就不太容易了。因为它有好多变化，要是能够举一反三，收获就会很大。(图 8)

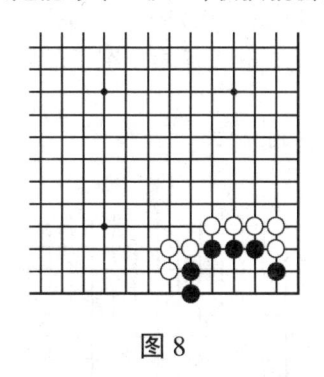

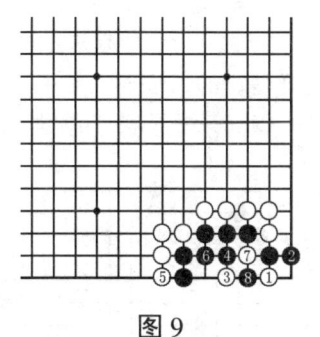

图 8   图 9

如果初学者决定从外面收缩眼位，这是很正常的想法。但是如在 2 位扳，黑只要应以 1 位立，就做活了。

如此看来，1 位是个关键。1 位夹的结果，有下面三种变化，结果都是打劫(图 9,10,11)。

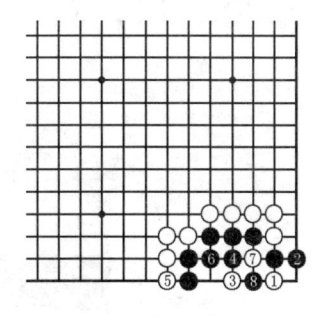

图 10

图 11

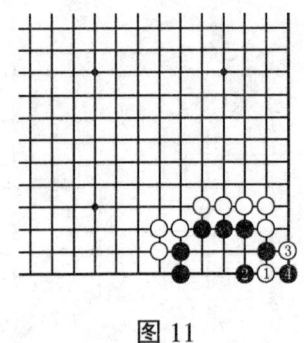

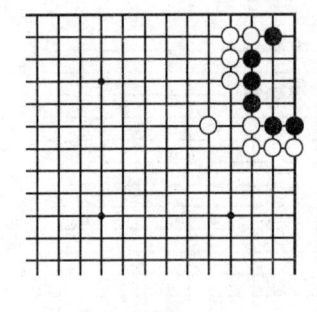

图 12

我们举这个例子不是要介绍一个单独孤立的死活题,和它类似的还有好几种变化。

其中图 11 的外部多了一口气;图 12 的三路边多了一口气,图 13 的一路黑子(而原来没有);图 14 是虎;图 15 是角上定了形而边上开着口的另一形。

做死活题要善于总结,就容易应用到实战中去。

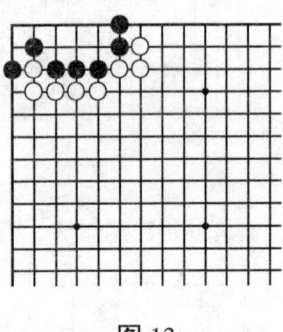

图 13

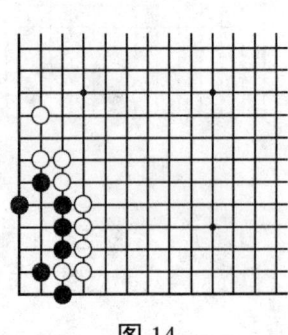

图 14

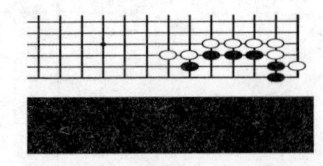

图 15

四、名家经验

1. 一盘棋一般分为布局、中盘战斗、官子三个阶段。
2. 下棋时要提高棋子的效率,不能走成愚形,棋子间高低、疏密搭配要合理。
3. 先占角、次占边、后占中腹。
4. 1个子可拆二,立二可拆三,立三可拆四。
5. 打入的目的是为了夺取对方的根据地或掏对方的空。
6. 遇到对方大模样时,如打入不利,可采用浅消的手段。浅消子的位置一定要合适,否则会适得其反。
7. 收官子时一定要寸土必争,要注意先收大官子,后收小官子,同时要尽量走先手官子。
8. 一盘棋还没下完,一方已认输时,可判另一方中盘胜。
9. 数子判胜负时,应先把双方盘上的死子拿掉方可数棋。
10. 数子时可选择空较完整的一方来数,先把可以10计数的子拿掉,再点剩余的子,二者相加即为一方的子数。